W0370955

Das Kochbuch von der Mosel

von Trier bis Koblenz

Gesammelt und aufgeschrieben
von
Gisela Allkemper

verlegt von
Wolfgang Hölker

ISBN-NR: 3-88117-061-8
VVA-NR: 28000061-2
Copyright 1978/G by Verlag Wolfgang Hölker
Martinistraße 2, 4400 Münster
Alle Rechte vorbehalten, auch auszugsweise
Printed in Germany
Imprimé en Allemagne
Herstellung: Druckhaus Cramer, Greven
Buchbinderische Verarbeitung: Klemme und Bleimund, Bielefeld
Musterschutz angemeldet beim Amtsgericht Münster

Inhalt

fig. 1	Vorspeisen, Zwischengerichte, Schnittcher und Schmeers	10– 17
fig. 2	Suppen	18– 23
fig. 3	Fleischgerichte und Innereien	26– 39
fig. 4	Hausschlachtung	42– 46
fig. 5	Wild und Geflügel	48– 54
fig. 6	Fische und Krebse	56– 64
fig. 7	Eintopfgerichte	68– 71
fig. 8	Mehl- und Kartoffelgerichte	74– 82
fig. 9	Gemüse und Salate	84– 90
fig. 10	Soßen	92– 96
fig. 11	Desserts	98–102
fig. 12	Gebäck	104–111
fig. 13	Getränke	112–123
fig. 14	Anhang: Gerichte aus der Römerzeit	124–133

Vorwort

Zum moselländischen Raum gehört auch die südliche Eifel, die südlich der neuen Autobahn Koblenz-Trier zum Moseltal mählich abfällt und vom gleichen Volksstamm besiedelt wurde, den Moselfranken, die um das Jahr 450 n. Chr. sich von der Kölner Bucht her hier niederließen und die, des Weinbaus wegen, die Urbewohner der Kelten, gemischt mit römischem Blut und lateinischer Sprache, am Leben ließen. »Mir ääße gär gut, mir trinke gär gut, herwäge wolle mer och ons Ruh han,« wird dem Trierer Bürger, in dem, nach einem Wort des Bischofs Korum, immer noch ein Stück römischer Konsul steckt, gern in den Mund gelegt. Der letzte Teil des Spruches stimmt nicht für die Winzer und Bauern der Region, aber als Verehrer guter Gaben Gottes sitzen alle Moselaner Tisch an Tisch mit den Rheinfranken, den Kölnern, die gern »jet Leckeres müffeln«.

Die Franken waren ein Bauernstamm, und bis zur Einkehr der Technik in ihre Küche, des elektrischen Herdes, der Kühltruhe und der Konservenindustrie, aßen und tranken sie nur, was auf dem eigenen Boden, im Garten und Acker, im Wald und auf der Wiese, im eigenen Stall gewachsen war, und unsere Eltern und Großmütter hielten sich an den Satz aus dem Kochbuch des Karl Friedrich Rumohr »Geist der Kochkunst« vom Jahre 1832: »Die Nahrhaftigkeit darf unter keinen Umständen durch überkünstelte Bereitung unterdrückt oder vernichtet werden. Die Zierde ist nur insofern wünschenswert, als sie aus dem Charakter der Speise hervorgeht!«

Kräftig und viel mußten Winzer und Bauer bei der nächst dem Kohlenbergbau schwersten körperlichen Arbeit essen und trinken. Im Moseltal trank er seinen Wein und im Trierer Raum auch seinen Apfelviez, in den Höhendörfern den eigen gebrannten Wacholderschnaps oder den Hefeschnaps von der Mosel. Wacholderbeeren kamen auch ins Sauerkraut, und mit Wacholdergeäst wurden die Schinken im Rauchfang geräuchert, das gab dem Schinken den Würzgeschmack, und im ganzen Rheinland begehrte man diesen Eifeler Bauernschinken. Zur Kirmes steckte die Mutter einen in Brotteig gehüllten Schinken in den Backofen, damit er saftig bleibe, und unvergeßlich ist mir dieser gewichtige Schweinehintern, der während der drei Festtage im kühlen Ofenschrank der Stube lag, an dem jedermann, so oft er wollte, schnibbeln durfte.

Ach ja, die drei Kirmestage! Wer könnte sie vergessen!

Da tanzten die Kinder auf der Dorfstraße:

Wenn Kirmes is, wenn Kirmes is,
da schlacht mei Vatter n' Bock,
da danzt mei Motter, da danzt mei Motter,
da fludert ihr de Rock.

Da wurde drei Tage lang gargantualisch gegessen. Beim Mittagsmahl gab's zuerst eine Fleischsuppe mit Markklößchen, dann kam gehacktes Hammel- oder Kalbfleisch mit Reis als Löffelgericht auf den Tisch, grünes (frisches) Rindfleisch mit Senfsoße folgte, getrocknetes Rindfleisch vom Brustkern mit Wirsinggemüse, frischen Schweinebraten mit Sauerkraut, das von dickem Erbsenbrei übergossen war, vor allem herrlichen Schinken in Hülle und Fülle. Da stellte sich die ganze abgewanderte Sippe ein. Berge von Kuchen, Fladen, Kränze, Streusel, Plätze, Apfeltorten kamen danach auf den Tisch und wurden stets durch Nachschub erneuert. So war's auch beim Hochzeitsessen, und mein Vater erzählte oft von Gevatter Klaos, den sie hätten »binden« müssen, damit der Freßsack nicht geplatzt sei. Er meinte auch, unser von der Mutter gewalktes und geformtes und im Gemeindebackhaus gebackenes Eifeler Bauernbrot schmecke deshalb so herzhaft kernig, weil es von allen natürlichen Elementen gesegnet sei: von Wind und Sonne bei der Kornreife, vom Bergwasser in der Bachmühle, vom Holzfeuer im Backofen. Damit war es dann aus, als die Dampfmühlen kamen und die elektrisch geheizten Backöfen, und von da an gab es auch kein gutes Brot mehr. In den Moselorten wurde der Backofen mit Rebholz und trockenen Rebwurzeln geheizt, davon bekam das Brot eine feine Weinwürze.

Am Martinstag war die Gans mit »Kästen« (Edelkastanien) gefüllt oder mit Walnüssen; von Walnußbäumen waren alle Moseldörfer auf der Flußseite eingerahmt, und die Edelkastanien reiften rund um die Stadt Trier, und das Winzerdorf Kesten hat davon seinen Namen erhalten.

Eine rühmliche Spezialität des Kurstaates Trier waren und sind bis heute die »Dicken Bohnen«, auch Pferde- oder Saubohnen genannt. Schon der Mönch Pelargius schrieb im 16. Jahrhundert: »Und sie fülleten sich davon den Bauch, bis er dick war.« Es ist dies aber auch, mit einem geräucherten, durchwachsenen Stück vom Schweinebauch, zwei Kartoffeln dazu und einer trockenen Flasche Mosel, ein göttlicher Schmaus. An den Dicken Bohnen erkennen sich die Kurtrierer. Sie sollen mit dem Löffel gegessen werden: Fünf im Löffel, fünf im Mund und fünf im Auge. Und nicht wenige Moselaner werden sich auch in Zukunft an den »Dicken Bohnen« verpänzen. Den weitbekannten Moselaal gibt es nicht mehr. Es steht kein Aalkutter mehr auf dem verschmutzten Wasserspiegel. Schade!

Peter Kremer

schengerichte, Schnittcher und Schmeers

Weinbergschnecken

Weinbergschnecken waren schon in der Antike bei den Römern eine begehrte Delikatesse. Von den Moselanern aber weiß man, daß sie die Vorliebe der Römer nicht sonderlich teilten und daß sie über viele Jahrhunderte die Schnecken im Weinberg als Ungeziefer vernichteten. Erst die Franzosen, die während der Besatzungszeit diesen Köstlichkeiten nachjagten, machten die Bewohner an der Mosel neugierig. Heute findet man Schneckengerichte häufig auf den Speisekarten der Restaurants.

Und so werden sie zubereitet:
Da die Schnecken sich ab Oktober auf den langen Winterschlaf vorbereiten und in ihre Häuser zurückziehen, ist es richtig, sie dann zu suchen. Sie müssen 3 Wochen fasten, dann wird der Kalkdeckel, mit dem sie die Häuschen für den Winterschlaf verschlossen haben, entfernt. Die Schnecken werden in Essigwasser gereinigt und 10 Minuten lang in Wasser gebrüht. Dann zieht man sie aus dem Gehäuse und entfernt den Eingeweidesack. Kräftig waschen und in einem Fond aus Weißwein und Kalbsbrühe, angereichert mit Thymian, Zwiebeln, Lorbeerblättern, Pfefferkörnern, Petersilienwurzel und Knoblauch, kochen. Wenn man diese langwierige Arbeit nicht mag, so besteht die Möglichkeit, die Schnekken soweit vorbereitet in Dosen zu kaufen. Sie können, heiß gemacht, mit Brot oder in Kräuterbutter geschwenkt und leicht angebacken, verzehrt werden. Die bekannteste Art, Schnecken zu servieren, ist aber diese: die vorbereiteten Schnecken mit etwas Fond in die gereinigten Häuschen zurückgeben, diese mit Schnekkenbutter zustreichen, in eine Schneckenpfanne setzen und im Backofen so lange erhitzen, bis die Butter schäumt.

Schnecken in Moselweinteig

Sud: 100 g Suppengemüse (Sellerie, Möhre, Zwiebel, Porree), 2 Knoblauchzehen, 40 g Butter, 1/4 l Moselwein, Petersilie, Kerbel, Rosmarin, Schnittlauch, Thymian
24 Weinbergschnecken
Teig: 125 g Mehl, 1 EL Öl, 1 Eigelb, 1/8–1/4 l Moselwein, 1 Prise Salz, Pfeffer, 1 Eiweiß
Spieß: 24 Holzzahnstocher, 24 Schnecken, 24 Weinbeeren, 24 Scheiben dünngeschnittener geräucherter durchwachsener Bauchspeck
Soße: Etwas Schneckenfond, Sahne, Butterflöckchen, Ausbackfett

Das Suppengemüse putzen und in kleine Würfel schneiden. Mit den zerdrückten Knoblauchzehen in Butter anbraten und mit dem Wein ablöschen. Die Kräuter und Schnecken zugeben und 10 Minuten durchkochen. Abkühlen lassen. Den Backteig erstellen. Das Mehl mit den Zutaten (bis auf das Eiweiß) zu einem geschmeidigen Teig rühren, 1 Stunde quellen lassen und dann das steifgeschlagene Eiweiß unterheben.

Auf je einen Spieß 1 Schnecke und 1 Weinbeere, umwickelt mit 1 Scheibe Speck, stecken. Diese Spieße durch den Teig ziehen und in heißem Fett kroß ausbacken.

Etwas durchgesiebten Schneckenfond mit Sahne und Butterflöckchen verfeinern und als Soße heiß dazu reichen.

Schnittcher und Schmeers

Weil die Weingärten häufig weit von zu Hause entfernt liegen, ist es nötig und praktisch, die Mahlzeiten mit in den Wingert zu nehmen. Mittags gibt es Eintöpfe aus dem Henkelmann (s.S.68–71), zum zweiten Frühstück und zur Vesper aber gibt es Schnittcher, in manchen Gegenden auch Schmeers genannt.

Mathes' Lieblings-schmeer

a) Wingertsschmeer

An der ganzen Mosel sind diese Schnittcher oder Schmeers, mit denen man sich nachmittags im Wingert stärkt, beliebt.

Je 1 Scheibe Bauernbrot mit Blutwurst und Zwiebelringen belegen. Eine Scheibe Vollkornbrot von beiden Seiten buttern, auf die Scheibe Bauernbrot legen. Dieses Vollkornbrot mit Leberwurst bedecken, mit Senf bestreichen und mit einer zweiten Scheibe Bauernbrot abdecken. Gut einpacken, damit das Brot schön saftig bleibt. Eventuell mit Specksalat verzehren. Früher trank man im Wingert dazu Fluppes (s.S. 119), heute Wein, Bier oder auch einen Moseltrester.

b) Schnippschmeer

oder auch Hingelschesschmeer genannt, ist sehr beliebt bei Kindern. Kräftige Bauernbrotscheiben werden dick mit Quark (= Schnipp, Klatschkäse oder Hingelsches) bestrichen. Darüber kommt Brombeer- oder Heidelbeergelee. Beliebt sind aber auch Schnitten mit Apfelmus und Schmand bedeckt.

Cochemer Schnittcher

Pro Person: 1 Scheibe Bauernbrot, etwas Butter, 1 große und etwas dicker geschnittene Scheibe Schinken, einige Senfgurken, warme Meerrettichsoße (Rezept s.S. 94).

Das Brot von beiden Seiten leicht anrösten, mit Butter bestreichen und mit dem Schinken belegen. Mit Senfgurken und warmer Meerrettichsoße servieren. Bei Schnittcher für den Wingert wird roh geriebener Meerrettich zwischen die Brote gelegt.

Budderloch

Ein ebenso beliebtes Vesperbrot wie es die Schmeers sind, ist das Budderloch. Von einem kleinen flachen Brot (in Trier nimmt man französisches Stangenweißbrot) wird ein Deckel abgeschnitten, das Weiche wird zum größten Teil mit einem Löffelstiel herausgeholt. Man stopft das »Loch« mit Butter zu, setzt den »Koorschd«, das abgeschnittene Ende also, wieder an und wickelt das Brot in Frischhaltepapier ein.

Trierer Weinhändlerfrühstück

Nicht nur zum Frühstück, auch bei Weinproben sind diese Schnittchen sehr beliebt. Roh oder gebraten ist die Hackfleischmasse ein gutes Pendant zum Wein.

Pro Person: 125 g gemischtes Hackfleisch (halb Rind, halb Schwein), 1 Zwiebel, 1 Ei, Salz, Pfeffer, 1 Spur Knoblauch, 1 Scheibe Brot, etwas Butter, rohe oder geschmorte Zwiebelringe nach Belieben

Das Hackfleisch würzen. Das Brot in etwas Butter von beiden Seiten leicht anbraten. Das Hackfleisch zu einem Steak in der Größe der Brotschnitte formen. Roh oder gebraten darauflegen. Wenn roh bevorzugt wird, werden die Zwiebelringe auch roh darauf gehäuft, wird das Steak gebraten, schmort man die Zwiebelringe die letzten Minuten in dem Fett mit und häuft sie dann auf das Fleisch.

Als Tellergericht wird dieses »Frühstück« noch mit Tomatenachteln, Petersilie und Gürkchen garniert, zur Weinprobe garniert man nur mit rohen Zwiebelringen.

Trierer Bömbchen

1 Paket Tiefkühlblätterteig, 2 große Scheiben gekochter Schinken, Fleisch eines gebratenen Hähnchens, 50 g Speck, Petersilie, Salz, Pfeffer, $^1/_8$ l Sahne, 2 Eigelb, etwas Zitronensaft, 1 Zwiebel, 1 Eiweiß

Den Blätterteig auftauen lassen und wie auf der Packung beschrieben zu einem 18 cm großen Quadrat ausrollen. Mit gekochtem

Schinken belegen. Das Hähnchenfleisch würfeln und mit den Speckwürfeln, der gehackten Petersilie, mit Salz, Pfeffer und Zwiebelwürfeln mischen. Die Sahne halbsteif schlagen, mit Eigelb und Zitronensaft anreichern und mit dem Hähnchenfleisch binden. Dieses jetzt auf den gekochten Schinken packen. Den Blätterteig nach oben zusammenschlagen – ähnlich wie beim Apfel im Schlafrock – und, damit der Teig besser zusammenhält, werden die Falzenden mit Eiweiß bestrichen und dann angedrückt. Im vorgeheizten Backofen bei 200° C etwa $^3/_4$–1 Stunde backen.

Lecker mit frischen Salaten oder mit Weingelee.

Jägerschnitten aus Trier

4 Scheiben Weißbrot, etwas Butter, 8 Scheiben Rehbraten, 1 Dose Stangenspargel, Parmesankäse, Butterflöckchen, Zitronensaft

Die Weißbrotscheiben in Butter auf beiden Seiten leicht anrösten. Aus der Pfanne nehmen, mit Rehfleisch belegen und dieses wiederum mit Spargel bedecken. Parmesan darüberstreuen, Butterflöckchen darauf verteilen und im Backofen überbacken. Sofort mit Zitronensaft beträufeln und heiß servieren.

In einigen Familien wird der Parmesan in eine helle Grundsoße, die dann auf den Spargel gestrichen wird, gegeben.

Eierschmier

Eierschmier ist immer noch so beliebt wie zu Großmutters Zeiten.

6–8 Eier, Salz, 250 g Mehl, $^1/_4$ l Milch, 1 EL Butter oder Speckfett

Die Eier verquirlen und mit dem Mehl und der Milch zu einem dikken Pfannkuchenteig rühren. Salzen und den Teig quellen lassen. In einer großen Pfanne das Fett erhitzen, den Teig auf einmal hineingeben und stocken lassen. Eierschmier wird kalt auf Brot gegessen.

Lis bast kocht den besten Kies

Kochkäse I

Dickgewordene Milch kocht man auf, so daß sich Molke und Quark trennen. Die Molke gut abtropfen lassen, den Quark 8 Tage in einem Steintopf gären lassen. Danach mit Milch, Butter, Mehl, 1–2 Eidottern, Salz und Kümmel verrühren, aufkochen und in kegelartige Förmchen pressen. Erkaltet stürzen und bald essen.

Auf dem Trierer Buttermarkt war Kochkäse von jeher beliebt. Die Luxemburger Marktfrauen, die ihn jeden Freitag anpriesen, waren immer von Kundschaft umlagert.

Kochkäse II

250 g Limburger, 1 EL Margarine, 1 Eigelb, 1 EL Mehl, 1–2 TL Kümmel, $^1/_8$ l Milch

Die Margarine läßt man in einem Topf heiß werden, schneidet den Limburger in Stücke und gibt ihn in das Fett. So lange rühren, bis der Käse zerlaufen und mit der Margarine vermischt ist. Das Ei mit Mehl, Milch und Kümmel verschlagen und unter den Käse rühren, bis die Masse beginnt, steif zu werden. Der Käse wird in einen Steinguttopf gefüllt und nach dem Erkalten auf einen Teller gestürzt.

Anmerkung: Wer den Käse milder essen möchte, nimmt bei gleicher Zutatenmenge nur 125 g Limburger.

fig. 2

Suppen

Wurstsuppe

Das ist die Suppe, in der die Blut- und Leberwürste beim Schlachten (s.S.45–46) gekocht werden. Besonders lecker und gehaltreich fällt sie aus, wenn einige Würste während des Kochens platzen und auskochen.

Die Suppe wird entweder als »klare« Brühe mit gerösteten Brotbröckchen gereicht oder aber leicht angedickt, indem man einige rohe Kartoffeln hineinreibt. In einigen Familien werden zum Schluß auch wohl Reis oder Nudeln hineingegeben.

Karnickelsuppe

Zutaten je 500 g Karnickelfleisch mit Knochen: 30 g Bratfett, 80 g magerer Speck, 1 l Wasser, $^1/_2$ TL Salz, 1 Bund Suppengrün (Zwiebel, Möhre, Porree),10 Pfefferkörner, 5 Wacholderbeeren, 2 Nelken, 2 Lorbeerblätter, 40 g Butter, 40 g Mehl, 1 Tasse Rotwein, Petersilie

Fleisch, Knochen und Speckwürfel werden in dem Fett angebraten und mit Wasser abgelöscht. Dazu kommen jetzt die Gewürze und das Suppengrün. Die Suppe muß 2 Stunden kochen, danach nimmt man das Fleisch heraus, schneidet es in kleine Stücke und stellt es beiseite. Die Brühe wird durchgesiebt. Aus Butter und Mehl wird eine dunkle Schwitze bereitet und mit der Suppe abgelöscht. Sie wird mit Suppengewürz, Salz, Pfeffer und Rotwein pikant abgeschmeckt. Danach gibt man das Fleisch in die Suppe. Mit Petersilie bestreut servieren.

In der Eifel, in der diese Suppe häufig eine ganze Mittagsmahlzeit bildet, werden noch zusätzlich geröstete Brotwürfel dazu gereicht.

Die Bir
is dai

Aalsuppe

1–1½ l Fleischbrühe, 1 großer Moselaal, Salz, Pfeffer, 1 Bund Suppengemüse (Sellerie, Möhren, Lauch, Zwiebel, Liebstöckel), einige Pfefferkörner, Majoran, Thymian, Bohnenkraut, 2 Lorbeerblätter, 250 g gedörrte, eingeweichte und in Moselwein gedünstete Birnenschnitze, 40 g Mehl, 1 Tasse Moselwein zum Anrühren, 1 Eigelb

Die Fleischbrühe erhitzen. Die Kräuter und Gewürze zugeben. Das Gemüse putzen, kleinschneiden und in der Brühe weichkochen. Danach die Brühe durch ein Haarsieb streichen. Das Gemüse gut auspressen. Den Aal abziehen, in Stücke schneiden, salzen und in der Brühe garziehen, nicht kochen lassen. Das Mehl mit dem Wein und dem Eigelb verquirlen und die Suppe damit legieren. Die Birnen direkt in den Suppenteller legen und mit Aalsuppe auffüllen.

Zopp öß
och en
Ääpen

Sauerampfersuppe

1½ l Wasser oder Brühe, 1 TL Butter, 500 g Kartoffeln, 2 Tassen Sauerampfer, ½ Becher saure Sahne, etwas Mehl

In die kochende Brühe 1 TL Butter geben und die geschälten und gewürfelten Kartoffeln. Diese darin garkochen. Den Sauerampfer in feine Streifen schneiden. Die Hälfte etwa 10 Minuten mitkochen lassen. Die Suppe passieren, die Kartoffeln durchdrücken. In dieser Suppe den restlichen Sauerampfer kurz aufkochen. Sahne und Mehl verrühren und die Suppe damit leicht binden, mit gerösteten Weißbrotwürfeln servieren.

Riebelesuppe

Diese Suppe gibt es abends vor dem Butterbrot.

1 l Milch, 40 g Zucker,
Nudelteig: 5 EL Mehl, 1 Ei, 1 Prise Salz

Die Milch mit dem Zucker leicht aufkochen. Den aus Mehl, Ei und Salz gefertigten Nudelteig in die kochende Milch riebeln, d.h. entweder auf der Kartoffelreibe abreiben oder zwischen den Händen zerreiben. 5 Minuten leicht köcheln lassen. Mit Zimt und Zucker oder mit Backobst servieren.

Man reibt die Riebele auch in Fleischbrühe, sozusagen als Einlage.

Wecksuppe

2 Wecken oder 4 Brötchen, 1 Stich Butter, 1 l Milch, Zucker und Zimt

Die Wecken in feine Scheibchen schneiden und diese in Butter kurz anrösten. Mit Milch auffüllen und erhitzen. In tiefe Teller füllen und mit Zimt und Zucker bestreuen.

Tip: In vielen Familien gibt man die Weckscheibchen sofort in den Teller und übergießt nur noch mit heißer Milch.

Danach ißt man wie bei der Riebelesuppe Schnittcher.

Birnensuppe I

1 kg feste, grüne Birnen, 1 EL Butter, 1 l Milch, 2–3 EL Speisestärke, 1 TL Anis, 1 EL Zucker, 1 Prise Salz

Die Birnen schälen, vom Kerngehäuse befreien und würfeln. Die Milch mit der Butter erhitzen, Anis, Zucker und Salz zufügen. Die Birnenstücke darin garkochen. Speisestärke mit Wasser anrühren und die Birnenmilch damit leicht sämig legieren. Damit die Suppe nicht anbrennt, ist es ratsam, sie hin und wieder umzurühren. Sie wird gern zum Abendbrot gegessen. In manchen Familien passiert man die Suppe wohl auch.

Birnensuppe II

250 g getrocknete Birnen, 1/2 l Weißwein, 1/2 l Wasser, Zucker, 1 Stück Zimtstange, 1 EL Stärkemehl, 1 Ei

Die Birnen eine Nacht in Wasser einweichen. Mit dem Einweichwasser, dem Wein und der Zimtstange zum Kochen bringen und garkochen. Die Suppe passieren, süßen und mit angerührtem Stärkemehl binden. Das Eigelb verschlagen und unterziehen. Das Eiweiß steifschlagen und als Makrönchen auf die Suppe setzen. Den Deckel schließen. Die Suppe heiß halten, aber nicht mehr kochen lassen.

Mostsuppe

Diese Suppe datiert aus der Zeit, da die Mostwaage, die den Öchslegehalt anzeigt, noch nicht erfunden war. Denn durch diese Suppe ließ sich der Most gut prüfen: je weniger Zucker man brauchte, desto besser war der Most, sprich Wein.

1 l Traubenmost, 2 Eigelb, 2 EL Sahne, Zucker nach Geschmack

Der Most wird erhitzt (er darf aber nicht kochen, da er sonst herbe wird), evtl. gesüßt und dann mit den in Sahne verquirlten Eigelb abgezogen.

Weißbrot würfeln, in einer Pfanne rösten, in Suppenteller geben und mit Suppe auffüllen.

Weinsuppe

1/2 l Weißwein oder Viez, 1/4 l Wasser, 40 g Stärkemehl, 40 g Zucker, 1 Stück Zimtstange, 1 Zitronenschale, 1 Ei

Den Wein und das Wasser zusammen erhitzen. Die Zimtstange und Zitronenschale darin ziehen lassen, aber nicht kochen. Nach 15 Minuten herausnehmen und den Zucker zugeben. Das Stärkemehl mit dem Eigelb und etwas kaltem Wein verrühren und in die erhitzte Flüssigkeit schlagen. Unter ständigem Schlagen bis zum Kochen kommen lassen.

Das Eiweiß steifschlagen und als kleine Klöße auf die heiße Suppe setzen.

Ein typisches Kindtaufessen war früher *kalte Weinsuppe,* in der eine Handvoll Rosinen mitgekocht und ausgequollen waren. Mit Zimt und Zucker bestreuen.

Notizen & weitere Rezepte:

Notizen & weitere Rezepte:

fig. 3

Fleischgerichte und Innereien

Trierer Sauerbratenschüssel

1½ kg Rinderbraten (früher Pferdefleisch)
Marinade: ½ l Weinessig, ¼ l Wasser, 2 dicke Zwiebeln in Scheiben geschnitten, 2 Scheiben Zitronen, einige Pfefferkörner, 4 Nelken, 2 Lorbeerblätter, 6 Wacholderbeeren, 1 TL Salz, 1 TL Zucker, Salz, Pfeffer, 60 g Fett zum Braten, 1 Zwiebel, 50 g Rosinen, etwas Lebkuchen zum Andicken oder etwas angerührtes Mehl, evtl. einige Spritzer Maggi und etwas Zucker

Den Rinderbraten 3–4 Tage in die Marinade einlegen und täglich wenden. Danach trockentupfen, mit Salz und Pfeffer tüchtig einreiben und in heißem Fett kräftig anbraten. Zum Schluß die kleingeschnittene Zwiebel mit anbraten, mit Wasser ablöschen und mit den Zwiebelscheiben aus der Marinade anreichern. 1 Prise Zucker zugeben und den Braten ½ Stunde gut schmoren lassen. Dann die Rosinen zugeben und mitschmoren. Kurz vor dem Garwerden den Lebkuchen hineinbröckeln und so gut aufquellen lassen, daß er die Soße bindet. Wer den Lebkuchengeschmack nicht mag, rührt verquirltes Mehl an den fertigen Braten und würzt dann mit Salz, Pfeffer, Maggi, Zucker und evtl. etwas Marinade nach.

Eine Auflaufform wird gebuttert, der Rand wird mit Kartoffelklößen (s.S.78) umlegt. In die Mitte legt man fächerförmig den in Scheiben geschnittenen Braten und übergießt ihn mit Soße. Man stellt die Schüssel für 20 Minuten in den Backofen und überbackt das Ganze noch einmal. Dazu reicht man Apfelkompott.

Majusepetter!
Direkt zum
Verpänzen!

Trier.

ist die älteste Stadt in Deutschland, Bischofsitz, hat 12 Vorstädte, 10 Thore, 6 öffentliche Plätze, uralten Dom mit den Gräbern von 26 Erz=bischöfen u. Kurfürsten u. bedeutenden Reliquien, worunter der h. Rock, die Liebfrauenkirche, eines der herrlichsten Denkmale altdeutscher Baukunst, ein sog. Römisches Thor, (Porta nigra), römische Bäder, Amphitheater, Universität (1798 aufgehoben), Mutterhaus der barmherzigen Schwestern, regelmäßige Dampf=schiffahrt mit Coblenz u. 22,000 Einw., meist Katholiken.

Bei Trier, das Lustschloß Monaise, die uralte Wallfahrtskirche St. Mathias mit dem Sarkophag des Apostels Mathias, die Wallfahrtskirche St. Paulin mit den Gebeinen zahlreicher Martyrer; 2 Stunden davon das Dorf Igel mit der 72 Fuß hohen Igelsäule, dem Grabmal der Familie der Secundiner.

(Secundinus, Schüler des Manes, schrieb gegen den h. Augustin wegen seines Abfalles von den Manichäern, Augustinus antwortete ihm (um 405) in der Schrift: Contra Secundinum Manichaeum, worin er zeigt, warum er den Manichaeismus aufgegeben habe und denselben aus dem Briefe des Secundinus selbst wiederlegt.

Schmeckt auch mit warmem Gemüse.

Gebackener Schweinerollbraten

Aus dem Hunsrück übernommen, wird dieser gebackene Braten in Trier und Umgebung heute gern gegessen. Dazu trinkt man, der besseren Verträglichkeit wegen, Moseltrester und Viez.

Beim Metzger bestellen Sie sich einen gepökelten Schweinerollbraten oder ein Lummerstück, beim Bäcker holen Sie sich – je nach Größe des Bratens – etwas Brotteig (Roggenbrot). Sie wässern den Braten einige Stunden, wickeln ihn in den ausgerollten Teig und backen ihn je nach Stärke 60–75 Minuten bei 200° C im Backofen.

Wenn Sie ihn als Partyessen servieren, dann reichen Sie einige frische und erfrischende Salate dazu, z.B. Mauseohrsalat (s.S. 90), rote Bete oder Wehlener Specksalat (s.S. 82).

Für thias machen

Zeller Äppelfleisch

1 kg ausgebeinte Schweineschulter, Salz, Pfeffer, Paprika, 2 Äpfel, 2 Zwiebeln, 40 g Rosinen, 2 Gläser Moselwein, ein wenig Moselhefe oder -trester (ersatzweise hochprozentiger klarer Schnaps oder Obstler), ½ Tasse Sahne, 40 g Fett zum Braten, 2 Äpfel außerdem

Das Fleisch gut mit Salz, Pfeffer und Paprika einreiben. Rundum in dem heißen Fett anbraten. Kurz vor dem Ablöschen mit Wein brät man die geschälten und in Stücke geschnittenen Äpfel und Zwiebeln mit. Danach den Wein angießen, die Rosinen zugeben und den Topf schließen. Das Fleisch schmoren lassen, bis es weich ist. Dabei zerkochen die Äpfel und machen den Bratenfond sämig. Zum Schluß gibt man etwas Moselhefe oder -trester (s.S. 121) zu, verfeinert mit Sahne, gibt noch einmal Apfelstückchen in die Soße und läßt das Ganze dann gut durchschmoren. Die Äpfel sollen zwar weich sein, aber noch nicht zerfallen.

Beilagen: Reis oder Gedämpne und Rotkraut.

Spießbraten

Der Spießbraten hat eine lange Tradition. Einst aus Südamerika von Edelsteinschleifern in den Hunsrück gebracht, hat er seinen Siegeszug in das nahegelegene Saarland, in die Pfalz und an die Mosel angetreten. Die Rezepturen allerdings weichen mit jeder Landschaft, ja mit jedem Ort und jedem Koch, bzw. jeder kochenden Hausfrau ab. Spießbraten wird an der Mosel häufig zu offiziellen Gelegenheiten und zu privaten Festen serviert.

Grundrezept:

1 kg entbeintes Kotelettstück, einige Scheiben Bauernschinken, Salz, Pfeffer, etwas zerdrückter Knoblauch, viele gehackte Zwiebeln

Das Kotelettstück tief einschneiden, mit Schinkenscheiben auslegen, salzen, pfeffern, mit Knoblauch ausreiben und mit gehackten Zwiebeln füllen. Zusammenrollen und 1–2 Stunden ziehen lassen. Danach auf den Grillspieß stecken und etwa 1 Stunde bei 250–300° C grillen. Ursprünglicherweise gibt es dazu nur derbes Hunsrücker Brot, als Partyessen serviert man heute dazu verschiedene Salate und Stangenweißbrot.

Variante: verschiedene Kräuter und Gewürze mit einrollen.

So säumet denn, Ihr Freunde, nicht,
die Mahlzeit zu verspeisen,
und laßt zum würzigen Gericht
die Becher fleißig kreisen.

Gebrannte Säue

Alljährlich im August feiert Wittlich die »Säubrenner Kirmes«, die auf ein Ereignis der Napoleonischen Zeit zurückgeht. Damals soll Napoleon die Stadt ausgebrannt haben. Als die Flammen die Scheunen und Ställe der Bauern vernichteten, verbrannte auch das

Vieh. Arm und hungrig versuchten die Wittlicher von den verbrannten Säuen noch Eßbares zu ergattern. Symbolisch veranstaltet die Stadt seit Ende des 2. Weltkrieges jährlich während der Kirmes Umzüge, bei denen 2 Spanferkel im Festzug an Spießen gebraten werden. Dutzende von Schweinen aber werden auf dem Marktplatz geröstet und verkauft.

Laden Sie doch einmal zum Säubrenner-Essen ein. Ein Spanferkel reicht für etwa 10–12 Personen.

1 kleines Spanferkel, Salz, Pfeffer, Butter, Zwiebeln

Das Spanferkel, vom Metzger bratfertig vorbereitet, wird außen und innen gesalzen und gepfeffert und mit dicken, abgezogenen aber ganzen Zwiebeln gefüllt. Von außen bestreicht man es mit Butter und brät es 4 Stunden am Spieß oder im Backofen des Bäkkers.

Beilagen: Gemüsesalate oder Sauerkraut und Salzkartoffeln oder Bauernbrot und Bier.

Rauchfleisch

Wie die Schinken (s.S.45), so wird auch Rauchfleisch durch Pökeln und Räuchern haltbar gemacht. Rauchfleisch war zu Hochzeiten und anderen großen Festen fester Bestandteil eines großen Menüs. Es wurde aber auch den Weinbergarbeitern mit in den Eintopf gegeben und, kalt aufgeschnitten, war es, dick mit Zwiebeln belegt und mit Pfeffer bestreut, ein kräftiges Abendbrot.

Das geräucherte Fleisch (Seitenspeck, Vorderschinken u.ä.) wird in kochendes Wasser gelegt und muß darin ganz langsam mehr gar ziehen als gar kochen. In der letzten halben Stunde reichert man die Brühe mit feingehacktem Suppengrün an. Das Fleisch wird warm zu Sauerkraut und Püree gereicht. Die Suppe ißt man vorweg. Häufig wird sie mit einigen geriebenen rohen Kartoffeln leicht sämig gemacht.

Bärekesseler Kurfürstenschmaus

Ein Gericht, das in jüngster Zeit vom Köcheverband Mittelmosel entwickelt wurde. Es wird heute in vielen Gaststättem Bernkastels angeboten.

1 kg gepökelte Schweinezungen, 2 Lorbeerblätter,
3 Zwiebeln, 2 l Wasser
Soße: 50 g durchwachsener, geräucherter Speck,
2 Zwiebeln, 2 EL Mehl, Senf nach Geschmack,
3/8 l Brühe, etwas Sahne, einige Butterflöckchen

Die Zungen mit kochendem Wasser ansetzen, mit den Lorbeerblättern und Zwiebeln garen und dann – noch heiß – abziehen. Längs in Scheiben schneiden, in die Suppe zurückgeben und darin warmhalten.

Den Speck würfeln und kurz in der Pfanne ausbraten. Die Zwiebeln abziehen und würfeln und glasig mitbraten. Mehl darüber stäuben und hell anschwitzen. Mit Brühe ablöschen und mit soviel Senf abschmecken, daß eine kräftige Soße daraus wird. Mit etwas Sahne verfeinern. Die Zungenscheiben aus der Brühe nehmen, auf eine vorgewärmte Platte legen und mit der Soße übergießen. Kleine Butterflöckchen obenauf setzen.

Dazu reicht man Gräwes (s. S. 69) oder – getrennt gekocht – Weinsauerkraut und Kartoffelpüree.

Schwenkbraten

Eine preiswertere und kleinere Variante des Spießbratens (s. S. 31) sind Schweinebratensteaks. Dazu benötigt man:

4 entbeinte Schweinesteaks vom Hals – jedes etwa 250 g schwer, einige Scheiben Bauernschinken, Salz, Pfeffer, zerdrückter Knoblauch, gehackte Zwiebeln, evtl. noch gehackte Kräuter

Das Fleisch mit den Zutaten lagenweise in eine Schüssel schichten und 1 Tag durchziehen lassen. Auf einem Grillrost, den man über offenem Buchenholz-Feuer hin und her schwenkt, braten. Dazu

Brot oder Salate essen. Schwenkbraten ist zu einem herrlichen Partyessen geworden, weil man sich wie bei einem Lagerfeuer um den Grill schart und weil es sich bei lodernder Flamme und köstlich duftendem Fleisch so wunderbar plaudern läßt.

Koblenzer Ratsherrenteller

4 entbeinte Schweinesteaks vom Hals – jedes etwa 250 g schwer –
Marinade: $^{1}/_{2}$ l Moselwein, $^{1}/_{4}$ l Essig, 2 Zwiebeln – in Scheiben geschnitten, 10 Pfefferkörner, 10 Wacholderbeeren, 2 Nelken, 2 Lorbeerblätter
Zum Braten: 60 g Bratfett, Salz, Pfeffer, Senf, 2 Zwiebeln, 2 EL Kräuterbutter, etwas Marinade, $^{1}/_{8}$ l Sahne

Die Koteletts etwa 2–3 Tage in die Marinade legen und dabei täglich wenden. Dann herausnehmen, trockentupfen, würzen, mit Senf bestreichen und in heißem Bratfett anbraten. Das Fett abgießen. Die kleingehackten Zwiebeln und die Kräuterbutter hineingeben und ganz kurz anschmoren. Mit etwas Marinade ablöschen. Das Fleisch darin garen, und die Marinade dabei einkochen lassen. Mit Sahne vollenden. Auf Tellern anrichten. Mit Speckböhnchen und Gedämpnen (s. S. 79) umlegen.

Gut mit Klößen und Rotkraut.

Saures Schweinerippchen-Ragout

Ein Originalrezept aus Oma Hunschas handgeschriebenem Kochbuch von 1895:

Schweinerippchen werden in viereckige Stücke geschnitten, mit halb Essig, halb Wasser, Salz, tüchtig Zwiebeln, Lorbeerblättern, Pfeffer und Nelken aufs Feuer gesetzt und nicht zu weich gekocht. Dann bereitet man eine Mehlschwitze, füllt die durchgesiebte Brühe, worin das Fleisch gekocht hat, zu der Mehlschwitze, kocht es auf und legt die Fleischstücke wieder hinein.

Bernkasteler Restaurationsplatte

4 Äpfel, Zitronensaft, Zimt und Zucker, 750 g Bratwurst, 50 g Rosinen, 50 g Nüsse – gehackt, Bratfett, 1 Tasse Moselriesling, 1/2 Tasse Sahne

Die Äpfel nicht schälen. Mit dem Ausstecher das Kerngehäuse herausstechen. Dann in dicke Scheiben schneiden und diese in Zitronensaft legen. Die Bratwurst in heißem Fett anbraten und garschmoren. Die Apfelringe abtropfen lassen, durch ein Zimt-Zukker-Gemisch wälzen und zum Schluß mit der Bratwurst (sie kann auch warmgestellt werden) von beiden Seiten braten. Auf eine vorgewärmte runde Platte legen, den Bratwurstring außen, die Apfelscheiben innen und kurz in den auf 150° C gewärmten Backofen schieben. Den Bratensatz mit Wein loskochen, etwas einkochen lassen und mit Sahne abziehen. Über die Wurst und Äpfel gießen und sofort servieren.

Gefüllte Kalbsbrust

In Trier aß man schon immer gut, die gefüllte Kalbsbrust aber ist die Krönung jeden Festmahls.

1 1/2 kg ausgelöste Kalbsbrust, Salz, Pfeffer
Füllung: 300 g mageres Hackfleisch, 2 Eier, 1 eingeweichtes und ausgedrücktes Brötchen, Muskat, Salz und Pfeffer nach Geschmack, 1 großes Bündchen gehackte Petersilie, 1 gehackte Zwiebel
Zum Braten: Bratfett, 1 Tomate, 1 dicke Zwiebel, Brühe zum Ablöschen, Mehl zum Andicken, 1 Schuß Sahne

Pitschen kommt Sonntag

Vom Metzger eine Tasche in das Fleisch schneiden lassen. Die Füllmasse gut verkneten, in die Tasche füllen und diese gut zunähen oder mit Rouladennadeln dicht verschließen. Von außen mit Salz und Pfeffer einreiben. In heißem Fett gut braun anbraten, zum Schluß eine zerteilte Zwiebel mitbraten und dann mit Brühe ablöschen. Jetzt in die Fettpfanne des auf 250° C vorgeheizten Backofens legen und auf die untere Schiene schieben. Eine abgezogene Tomate mitschmoren lassen. Häufig begießen. Nach etwa

$1^1/_2$ Stunden herausnehmen, die Soße nach Bedarf verlängern und mit Mehl andicken. Mit einem Schuß Sahne verfeinern. Die Kalbsbrust aufschneiden und getrennt zur Soße servieren.

Dazu ißt man in Trier Blumenkohl in holländischer Soße und Salzkartoffeln.

Rahmschnitzel

4 dünne Kalbsschnitzel, etwas Mehl, Salz, Margarine zum Anbraten, $^1/_8$ l Brühe, $^1/_2$ TL gehackter Rosmarin, etwas in Sahne angerührtes Mehl

Die Schnitzel leicht mehlen, salzen und in Margarine anbraten. Mit Brühe auffüllen, Rosmarin zufügen und die Schnitzel weichschmoren. Mit in Sahne verquirltem Mehl binden und noch einmal gut abschmecken. Dazu Salzkartoffeln und Mauseohrsalat reichen.

Rieslingspasteten

500 g Schweinefleisch
Marinade: 1 Fl. Riesling, 2 Zwiebeln, 1 Lorbeerblatt, einige Pfefferkörner, 2 Nelken, etwas Salz, 1 Zitronenscheibe, 5 Wacholderbeeren
Teig: 500 g Mehl, 300 g Butter, 1 Prise Salz, etwas Wasser
Aspik: $^1/_2$ l Brühe, 1 Glas Riesling, 1 Päckchen gemahlene weiße Gelatine

Das Fleisch in ganz kleine Würfel schneiden und 2 Tage in der Marinade beizen. Den Teig kneten, ruhen lassen und ausrollen. Kleine Pastetenformen buttern und mit dem Teig ausschlagen. Das abgetrocknete Fleisch hineingeben. In die Teigdeckel ein kleines Loch stanzen. Diese Deckel auf die Pasteten legen und andrücken. Bei 200° C etwa 40 Minuten lang backen. Aus Brühe, Riesling und aufgelöster Gelatine einen gelierenden Sud herstellen. Diesen durch die Öffnungen in die noch warmen Pasteten füllen und erstarren lassen.

Mit Remoulade oder Cumberlandsoße servieren.

Halb Mensch / Halb Teufel

Hab ich beim Maje gehört.

75 g Speck, 2 Zwiebeln, 1 kleine Leberwurst, 1 kleine Blutwurst

Den Speck und die Zwiebeln würfeln und in einer Pfanne kräftig ausbraten. Die Leberwurst und die Blutwurst aus den Därmen drücken und mitbraten, bis sie zerlaufen. Man serviert dieses Gericht zu Bratkartoffeln und Salat oder Apfelkompott. Es dient als »Schmeer« auch wohl zu Wingertsschnittcher.

Schwartemagensalat

500 g Schwartemagen
Marinade: Öl, Essig, Salz, Pfeffer, 1 Prise Zucker, 2 dicke gehackte Zwiebeln, etwas Senf

Den Schwartemagen in halbfingerlange Stifte schneiden und mit der angerührten Marinade übergießen. Gut 1 Stunde ziehen lassen und dann zu Gedämpnen (s. S. 79) reichen. Mit Viez oder Wein ein beliebtes Sommeressen.

Doris nimmt auch noch Nieren dazu.

Geling

375 g Lunge, 250 g Herz, 250 g Leber, 375 g Zwiebeln, Salz, Pfeffer, Fett zum Anbraten, Mehl, 2 Lorbeerblätter, 1/4–1/2 l Brühe, Maggi

Die Lunge und das Herz gut wässern und in Würfel schneiden. Durch Mehl wälzen und in heißem Fett gut anbraten. Dann die in Scheiben geschnittenen Zwiebeln und die Leberwürfel zugeben. Kurz durchrösten, salzen, pfeffern und mit Brühe ablöschen. Die Lorbeerblätter zugeben und garschmoren. Danach evtl. mit Mehl nachbinden und mit Maggi abschmecken.

Leberklöße

1 mittelgroße Leber, 4 Eier, 2 Eigelb, 100 g fetter Speck, Salz, Pfeffer, je eine Prise Majoran und Thymian, 3 dicke Zwiebeln, 2 Scheiben Weißbrot, Mehl zum Binden, 2 l Salzwasser

Die Leber häuten und mit dem Speck und den Zwiebeln durch die feine Scheibe des Fleischwolfs drehen. Mit den Eiern und Eigelb, mit Majoran und Thymian mischen und mit gerösteten Weißbrotwürfeln und mit Mehl binden. Das Salzwasser zum Kochen bringen. Von der Masse mit dem Eßlöffel Klöße abstechen und in 10–15 Minuten garsieden. Probekloß kochen. Wenn er zerläuft, muß mehr Mehl zugegeben werden. Mit Speck und feingehackten Zwiebeln abschmelzen und zu Sauerkraut und Püree servieren.

Übrigens: in Trier gibt es in den Metzgereien schon fertig durchgedrehte Leber zu kaufen.

Leberkuchen

500 g Kalbsleber, 100 g Butter, 200 g eingeweichtes Weißbrot, 5 Eier, Salz, Pfeffer, 1 geriebene Zwiebel, 2 kleingehackte Sardellen, Paprikapulver

Die Leber häuten und von den Sehnen befreien. Mit dem in Milch eingeweichten und ausgedrückten Weißbrot durch den Fleischwolf treiben. Die Butter schaumig rühren, ein ganzes Ei und 4 Eigelb einrühren, die Leber-Brot-Masse zugeben und mit der Zwiebel, den Sardellen und dem Paprikapulver vermengen. Die Eiweiß steifschlagen und leicht unterheben. In eine gut gebutterte Kastenform füllen und bei mäßiger Hitze etwa 1 Stunde lang backen.

Herrlich zu Brot oder Salat.

Leberpastete

Pastete: 750 g Leber, 500 g frischer Bauch, 50 g fetter Speck, 3 mittelgroße Zwiebeln, 4 Eier, Salz, Pfeffer, Nelkenpfeffer, Muskat, Thymian, Majoran, 1 kleine Dose Champignons, 1 Glas Weinbrand
Aspik: $\frac{1}{4}$ l Weißwein, 2 EL Sherry, 10 Spritzer Maggi, Salz, Pfeffer, 1 Päckchen gemahlene Gelatine
Dekoration: 2 Orangen, 3 Lorbeerblätter

Eine Pastetenform mit Rauchfleischscheiben auslegen. Leber, Bauch, Speck und Zwiebeln zweimal durch die feine Scheibe des Fleischwolfs drehen. Würzen, mit Weinbrand feuchten und mit gehackten Champignons anreichern. In die Pastetenform füllen. Diese ins Wasserbad stellen und $1\frac{1}{2}$ Stunden bei geschlossenem Deckel im Backofen garen. Danach den Deckel abnehmen und aus dem Wasserbad nehmen. Noch einmal für $\frac{1}{2}$ Stunde in den Backofen schieben.

Aus den angegebenen Zutaten einen kräftigen Aspikfond herstellen und flüssig über die noch warme Pastete gießen. Erkalten und steif werden lassen.

Mit Orangenscheiben oder -filets und Lorbeerblättern dekorieren. Dazu reicht man frisches, noch warmes Stangenweißbrot und eine kräftige Cumberlandsoße.

Notizen & weitere Rezepte:

fig. 4

Hausschlachtung

In früheren Jahren waren – neben dem Weinanbau – die Haupternährungsquellen der Moselaner der Ackerbau und die Viehzucht. Man baute für den Eigenbedarf sein Gemüse an, man hielt ein Schwein, um den Bedarf an Fleisch selbst decken zu können. Einzelne Bauern betrieben sogar einen einträglichen Handel mit der Viehzucht. Die französischen Armeen kauften durch auswärtige Händler ganze Herden auf. Andere wiederum verkauften das Fleisch auf den Märkten und besserten damit ihren kargen Erwerb ein wenig auf. Der Winzer aber, dessen Hauptarbeit und -erwerb im Wingert lag, hielt nur für den Eigenbedarf ein oder zwei Schweine, die dann geschlachtet wurden, wenn im Wingert die Arbeit zur Ruhe kam. Häufig schlachtete man auch schon vor dem Erntedankfest, dann also, wenn die Lese in vollem Gange war und die Weinbergarbeiter ein kräftiges Essen benötigten.

Das Fleisch der frisch geschlachteten Tiere wurde – um es haltbar zu machen – eingesalzen, gepökelt und zum Teil auch geräuchert. Ein Großteil wurde aber auch verwurstet, denn was wäre Tiertich (oder Gräwes) ohne die leckeren Blut- und Leberwürste; was wären Wingertschmeers ohne Moselschinken? –

Das Schlachtfest wurde dann abends recht üppig begangen. Man lud dazu Freunde und Verwandte ein und freute sich schon Wochen vorher auf die leckere Wurstsuppe (s. S. 20), auf Sauerkraut mit frischen Blut- und Leberwürsten, auf »grünes« Fleisch und natürlich auf den ersten Wein oder Viez. Und wenn die Gäste nach Hause gingen, bekamen sie noch eine große Milchkanne mit Wurstsuppe mit auf den Weg. Und da, wo heute nicht mehr geschlachtet wird, ist die Freude besonders groß, wenn in der Metzgerei angeschlagen steht: »Heute frische Wurstsuppe.«

Moselschinken

3 Schweineschinken werden kräftig mit Pfeffer eingerieben und in trockenes Pökelsalz gelegt. Nach etwa 8 Tagen hat sich daraus eine so kräftige Lake gebildet, daß eine rohe Kartoffel darin schwimmt. Jetzt wird diese Lake mit folgenden geputzten und kleingeschnittenen Zutaten angereichert: mit 4 Lorbeerblättern, 2–3 Knoblauchzehen, 2 dicken Zwiebeln (ganz lassen), 4 Möhren, 2 Stangen Lauch, 1 Knolle Sellerie oder mit viel Selleriegrün. Darin ziehen die Schinken etwa 3–4 Wochen. Danach werden sie gewaschen und 1 Nacht in klares Wasser gelegt. 1 Tag lang trocknen lassen und dann über Buchen- oder Wacholderholz räuchern. Dazu hängt man die Schinken in extra gemauerte Räucherhäuschen. Das Holz wird angezündet, und die Schinken werden erst dann eingehängt, wenn die Flammen zurückgegangen sind und sich nur noch Rauch bildet. Diesen Vorgang wiederholt man alle paar Tage etwa 4 Wochen lang. Danach werden die Schinken in Leinensäckchen gegeben und luftig aufbewahrt. Der letzte Schinken sollte möglichst erst kurz vor dem nächsten Schlachten angeschnitten werden. Dann ist er besonders delikat.

Blutwurst

Frisch gebratene Blut- und Leberwurst sind *die* Beilagen schlechthin zu den Wingertstöpfen (s. Gräwes, bzw. Tiertich; s. halb Mensch, halb Teufel; s. Wingertsschmeer u.a.).

1 frischer Schweinekopf, 1 Schweinewamme, Salz,
Pfeffer, Majoran, Nelkenpfeffer, angewärmtes Blut,
nach Geschmack Speckwürfel

Das Fleisch weichkochen. Danach durch die feine Scheibe des Fleischwolfs drehen, mit den Gewürzen scharf abschmecken, mit Speckwürfeln anreichern und mit angerührtem warmem Blut angießen, so daß eine gut angefeuchtete, halbfeste Masse entsteht. In krause Naturdärme füllen (nur $^3/_4$ voll) und im Kessel schwimmend bei 80° C etwa 1 Std. brühen. Danach kann man sie noch kalt räuchern (s. Schinken S. 45). Räucherzeit: 1 Nacht.

Leberwurst

1 frischer Schweinekopf, 1 Schweinewamme, 375 g Leber, Salz, Pfeffer, Majoran, Thymian, Nelkenpulver, etwas Lorbeerblattpulver

Das Fleisch weichkochen. Mit der frischen Leber durch die feine Scheibe des Fleischwolfs drehen, mit den Gewürzen mild abschmecken und $^3/_4$ voll in Naturdärme oder Dosen oder Gläser füllen. Die Würste 1 Stunde bei 80° C garen. Dosen und Gläser brauchen etwa 2 Stunden Zeit. Wenn man Blut- oder Leberwürste aus dem Darm brät, so kann dieser mitgegessen werden.

Sülze

Sie wird in Sturzgläsern (das sind geradwandige Einkochgläser, aus denen man die Sülze gut stürzen kann) eingekocht und ist Beilage zu einem traditionellen Heiligabendessen an der Mittelmosel: Heringssalat und Sülze.

Je 4 Schweineöhrchen, -schwänzchen, -pfötchen, 2 Stücke frisches Eisbein, einige frische Schwarten, $1^1/_2$ l Wasser, 1 TL Salz, je 4 Lorbeerblätter, Pfefferkörner, Gewürznelken und Zwiebeln, 2 Möhren, 2 Stangen Lauch, 1 Stück Sellerie
Zum Abschmecken: Salz, Pfeffer, Essig, Zucker

Das Fleisch mit den Gewürzen, dem Suppengrün und dem kalten Wasser aufsetzen, zum Kochen bringen und etwa 2 Std. kochen lassen. Zwischendurch den Schaum abschöpfen. Danach das Fleisch herausnehmen und die Brühe durchsieben. Fleisch und Schwarten in kleine Würfel schneiden und in die Brühe zurückgeben. Noch einmal $^1/_2$ Std. kochen lassen, so daß die Brühe einkocht und sich reduziert. Danach mit Essig, Pfeffer, Salz und Zucker pikant bis scharf abschmecken und 10 Minuten kochen lassen. Diese Masse in Gläser füllen, nach Vorschrift verschließen und in den Wecktopf setzen. In etwa 30 Minuten bei 90° C sterilisieren.

Notizen & weitere Rezepte:

fig. 5

Wild und Geflügel

Wildschweinkeule

Die Eifel ist von jeher ein großes Jagdgebiet gewesen. Besonders häufig und mit viel Phantasie wurden Wildschweine zubereitet. Eins der häufigsten Rezepte ist diese Keule:

Laßt Euch nicht fladören!

1 Wildschweinkeule ohne Knochen
Marinade: $^{1}/_{2}$ l herber Rotwein, $^{1}/_{8}$ l Essig, 3 Zwiebeln – gewürfelt, 16 Wacholderbeeren, zerstoßen, abgeriebene Schale von 2 Zitronen, 4 große Lorbeerblätter – zerkleinert, 2 TL getrockneter Estragon, 1 TL gemahlene Nelken, 1 TL Pimentpulver, 1 TL gemahlener Ingwer, 1 TL gemahlener Pfeffer
Zum Braten: 40 g Schmalz oder Öl, 1 TL Salz, 40 g Mehl, $^{1}/_{2}$ Tasse Sahne

Aus den angegebenen Zutaten wird eine Marinade hergestellt. Die Wildschweinkeule wird darin 2–3 Tage lang eingelegt und während der Zeit mehrmals gewendet. Aus der Marinade nehmen, mit Küchenkrepp abtrocknen und salzen. Das Fleisch in Schmalz anbraten und mit soviel durchgesiebter Marinade auffüllen, wie notwendig zum Schmoren ist. Eventuell nachgießen. Die Bratzeit beträgt etwa 1 $^{1}/_{2}$ Stunden. Das Fleisch in Scheiben schneiden und im Backofen warmhalten. Die Soße mit Mehl binden, mit Sahne verfeinern und eventuell mit Pfeffer nachwürzen. Die Soße wird getrennt vom Fleisch gereicht. Dazu gibt es Kartoffelklöße und Rotkraut.

Hasenläufe in Rotwein

8 Hasenläufe
Marinade s. Wildschweinkeule, außerdem angereichert mit: 1 gewürfelte Möhre, 1 geschnittene Stange Lauch und 1 TL Thymian
Salz, Pfeffer, Fett zum Braten, 2 TL Johannisbeergelee, Mehl zum Andicken

Die Hasenläufe 4 Tage in die Marinade legen und häufig wenden. Abtrocknen, salzen und pfeffern und in heißem Fett anbraten. Mit Marinade ablöschen, das Johannisbeergelee zugeben und das Fleisch garschmoren. Mit angerührtem Mehl binden und mit lokkeren Kartoffelklößen servieren.

Hasenpfeffer nach Oma Orten

Schmeckte bei Irmgard so gut!

1 ganzer Hase (küchenfertig)
Marinade: 1 Fl. Rotwein, 2 Lorbeerblätter, 2 Nelken, einige Zitronenscheiben, einige Pfefferkörner, 1 TL Salz, Fett zum Anbraten, 1 Tasse Mehl, etwas Lebkuchen oder Schwarzbrot, 2 TL Johannisbeergelee, 1 TL Kakao, Mehl zum Andicken, Zucker und Salz zum Abschmecken

Den Hasen zerteilen und in die Marinade legen. 2 Tage darin beizen. Das Fett auslassen, das Mehl einrühren und bei kleiner Flamme zimtfarben rösten. Mit Marinade ablöschen. Die Hasenteile einlegen und darin köcheln lassen. Zwischenzeitlich umrühren und Lebkuchen, Johannisbeergelee und Kakao zufügen. Ist das Fleisch gar, nimmt man es aus der Soße, dickt diese mit Mehl nach und schmeckt sie mit Zucker und Salz ab. Die Hasenteile in die Soße geben und bis zum Servieren warmhalten. Dazu gibt es Rotkraut und Kartoffeln.

Wildpastete

750 g dunkles gebratenes Wildfleisch (Hase, Kanin, Reh, Hirsch), 500 g frischer Speck, 2–3 gedämpfte Zwiebeln, 500 g Kalbsleber, 1 Röhrchen Sardellen, Majoran und Thymian nach Geschmack, Salz, Pfeffer, 1 Gläschen Rum – 1 l Brühe, Maggi, Pfeffer, Salz, Worcestersoße, 2 Päckchen gemahlene Gelatine

Das Wildfleisch in kleine Würfel schneiden. Den Speck in Scheiben schneiden und eine Pastetenform damit ausschlagen. Einige Scheiben zum Abdecken der Pastete zurückbehalten. Den restlichen Speck, die Zwiebeln und die Leber durch den Fleischwolf drehen. Die Sardellen fein hacken und zu der Masse geben. Diese würzen und mit Rum abschmecken. In die Form jetzt eine Lage Masse füllen, darauf Wildfleisch und wieder abwechseln, bis alles verbraucht ist. Mit Speckscheiben abdecken, die Form fest verschließen und 2 Stunden im Backofen bei 225° C garen.

Nach dem Backen die Brühe, die sich gebildet hat, abgießen und diese mit Wasser auf 1 l Flüssigkeit auffüllen. Mit Maggi, Pfeffer,

Salz und Worcestersoße scharf würzen. Die Gelatine auflösen, in die Brühe rühren und diese über die erkaltete Pastete gießen. Erstarren lassen. Das Gelee abnehmen, in Würfel schneiden und die Pastete beim Auftragen damit dekorieren.

Mit einer guten Cumberlandsoße serviert, ist die Pastete eine delikate Vorspeise. Sie kann aber auch mit Toast und Butter ein vollständiges Abendbrot bilden.

Saure Hähnchen aus Bernkastel-Kues

Die sauren Hähnchen sind zwar nicht alt überliefert, weil sie aber in Bernkastel-Kues so gefragt sind und jeder über die Zubereitung rätselt, sind sie hier erwähnt. Das Lokal, in dem sie abends zubereitet werden, ist besonders stark gefragt, und manch einer bestellt sich die fertigen Hähnchen für zu Hause. In großen Schüsseln werden sie abgeholt und frisch und heiß schnell verzehrt. Die Wirtin wollte mir zwar das genaue Rezept nicht verraten, aber durch »Studieren und Probieren« hoffe ich, es annähernd genau aufschreiben zu können.

2 Hähnchen (pro Person ½ Hähnchen), etwas Öl, Salz, Pfeffer, Paprika edelsüß
Marinade: ½ kleine Flasche Ketchup, Salz, Pfeffer, Paprika edelsüß, Worcestersoße, einige Spritzer Maggi, etwas Essig und Öl

Zu diesem Gericht bevorzugt man Hunsrückhähnchen, die besonders gut gemästet sind. Sie werden mit Salz, Pfeffer und Paprika innen und außen kräftig gewürzt und mit etwas Öl bepinselt. Auf den Grillspieß stecken und ¾ gar grillen. (Sollten Sie keinen Grill haben, dann zerlegen Sie die Hähnchen in Hälften und legen diese mit der Innenseite nach unten in die Fettpfanne des Backofens.) Aus den übrigen Zutaten schlagen Sie eine kräftige, säuerliche Marinade. Sie wird während der letzten Viertelstunde des öfteren über die Hähnchen gestrichen. Durch die intensive Hitze und Säure werden die Hähnchen besonders mürbe. Mit heißer Marinade übergossen servieren. Dazu gibt es nur kräftiges Landbrot und einen herben Moselwein oder ein frisches Bier.

Hühnchen in Rieslingsoße

1 dickes Suppenhuhn, $1\frac{1}{2}$ l Wasser, Salz
Soße: 40 g Butter, 40 g Mehl, $\frac{1}{4}$ l Brühe, $\frac{1}{8}$ l Weißwein (Moselriesling), $\frac{1}{8}$ l Sahne, 1 Eigelb, Salz, weißer Pfeffer, evtl. etwas Fondor

Das Suppenhuhn in Salzwasser abkochen. Danach in große Stücke zerteilen. Die Butter in einem Topf zerlassen, das Mehl hell darin anschwitzen und mit Brühe und Wein ablöschen. Einmal gut durchkochen. Die Sahne mit dem Eigelb verquirlen und dazurühren. Mit Salz, Pfeffer und evtl. etwas Fondor mild abschmecken. Die Hähnchenteile in die Soße legen, darin wärmen und mit körnigem Reis oder Curryreis servieren.

Martinsgans

Der Martinstag wird an der Mosel groß gefeiert, denn St. Martin ist der Lieblingsheilige der Moselaner. Alte Rebstöcke, Hobelspäne, überjährige Triebe und altes Laub werden zu großen Bergen aufgehäuft und als Martinsfeuer abgebrannt. Das Feuer selbst hat germanisch-heidnischen Ursprung, denn im Feuer wird man sowohl von Unarten und Fehlern gereinigt als es auch die Winterunholde fernhalten soll. Man tanzt um das Feuer herum und singt:

Räwe, Räwe, Huwelspän
gibt us eppes fürs Mertesfeuer
Wein her, Äppel her
Biere welle gebroade sein,
Wein well getrunke sein,
Heiliger Sankt Mertes

Dann bekommt jedes Kind einen Martinsbrezel (Rezept s. S. 107) oder Rosenweck von den Eltern oder von der Gemeinde. Nach dieser Feier zieht man singend nach Hause, um mit einem Gansessen den Abend ausklingen zu lassen.

1 Gans, Salz, Pfeffer, 1 Sträußchen Petersilie, Fett zum Anbraten, etwas Weißwein zum Schmoren

Die Gans innen und außen kräftig salzen und pfeffern, außerdem ein Sträußchen Petersilie ins Innere stecken. In die Fettpfanne des

Backofens legen, mit ganz wenig Fett darin anbraten und tassenweise mit Wein nach und nach ablöschen. Das austretende Fett vorsichtig abschöpfen. In etwa 2 Stunden ist die Gans gar und knusprig braun. Dann wird sie sachgerecht zerlegt und auf einer Platte hübsch mit Äpfeln oder Birnen angerichtet. Dazu reicht man außerdem lockere Klöße oder Gedämpne (s.S.79)

Herbei, herbei zur Mertensgans,
Herr Burkhard mit den Brezeln
– jubilemus –
Herr Urban mit den Flaschen
– cantemus –
Sankt Bartel mit den Würsten
– gaudeamus –.
Sind alle starke Patronen zur
feisten Mertensgans.
(Studentischer Rundgesang)

Notizen & weitere Rezepte:

fig. 6

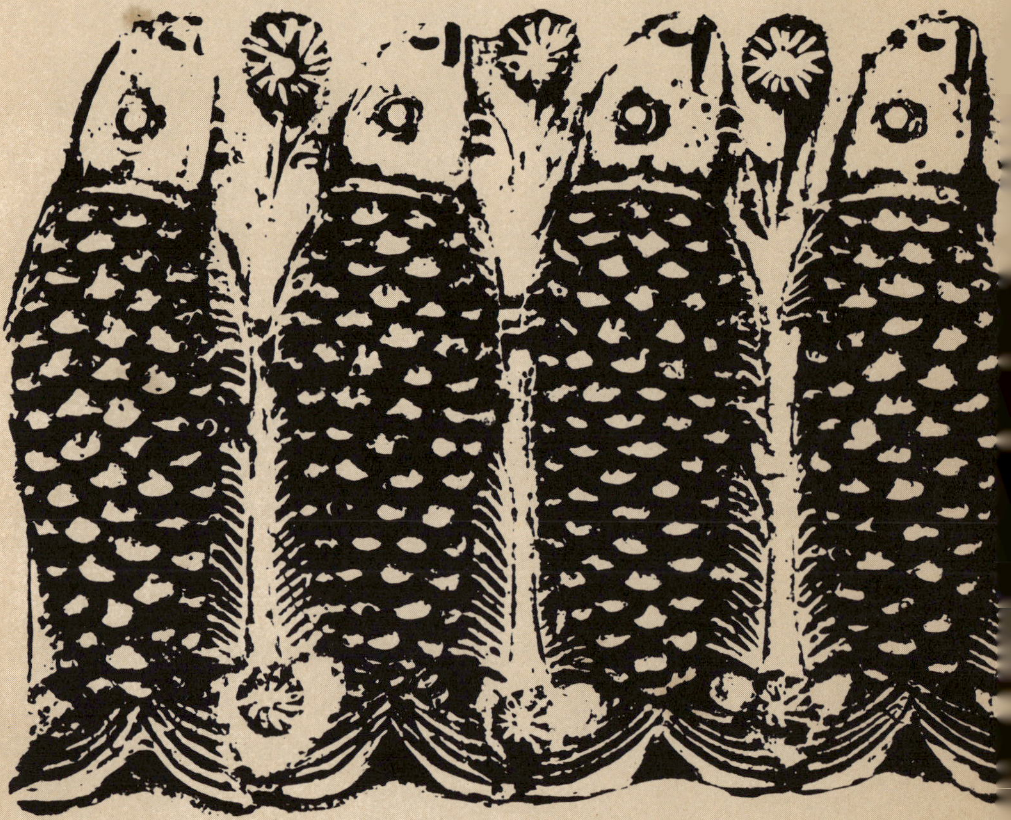

Fische und Krebse

Moselfische!! Beim Wort allein schon beginnen die Moselaner zu schwärmen, denn in früheren Zeiten, auch noch Anfang der 20er Jahre, waren die Fische scharenweise in der Mosel zu fischen und zu angeln. Sie galten in ihrer Vielartigkeit und Vielzahl als das Lieblingsgericht der Einheimischen. Heute aber, da die Industrie ihre Abwässer in die Mosel ableitet, sind der Fischreichtum und der Anglersport zurückgegangen. Die älteren Leute erzählen gern noch von dem Ausflug »op d' Musel«, von den Anglerfreuden, dem Braten der Fische über dem offenen Feuer draußen und von den zahlreichen Gartenwirtschaften, in denen man die typischen, knusprig gebackenen Fische mit einem kühlen Wein oder einem Porz Viez bekam. Diese Herrlichkeiten sind heute – gastronomisch gesehen – auf einige wenige Gasthöfe und Hotels beschränkt. Und die Hausfrau, die noch Fische auf Moselaner Art brät, backt oder kocht, weiß häufig nicht, ob diese Fische tatsächlich aus der Mosel kommen oder ob sie nicht etwa »importiert« worden sind.

Aus der Vielzahl der Fischarten seien hier einige genannt. Der Aal galt immer als König unter den Fischen, und ihn zuzubereiten, war immer ein Festtag und Festessen. Er wird, ob blau gekocht, in Dillsauce (also grün) serviert, gebraten, gebacken oder geräuchert, gleichbleibend gern gegessen. Ihm folgt in der »Vornehmheit« der Hecht, der, in Moselwein gedünstet, eine echte Köstlichkeit ist. Von den vielen kleineren Moselfischen seien die Barben, Gründlinge und Rotaugen genannt. Da sie sehr grätenreich sind, werden sie fast ausschließlich gebacken.

Etwas anders verhält es sich mit den Forellen und Krebsen. Die Forellen lieben klare, kühle Bergwässer. Sie findet man in den zahlreichen Bächen, die aus der Eifel kommen und in die Mosel fließen. Da in früheren Jahrhunderten den Zisterziensern der Fleischgenuß verboten war, waren die Mönche der Eifel natürlich sehr auf die Fischzucht und Fischrechte bedacht. Rund um Himmerod waren diese fest in ihrer Hand, und noch heute sind die Bäche und Teiche zu großen Fischweihern gestaut. Es ist ein Erlebnis, eine Fußwanderung oder einen Ausflug in dieses nahegelegene Gebiet zu unternehmen, um dort in einer der Gastwirtschaften Forellen zu essen.

Die Krebse dagegen sind heute fast ganz ausgestorben. Sie galten noch vor 100 Jahren als Volksnahrungsmittel und den Mönchen als Fastenspeise. Die Bauern fingen sie in den Gräben, kochten sie oder warfen sie in das offen Feuer draußen und verspeisten sie mit Brot und Butter direkt in der frischen Luft.

Hier nun einige alte Rezepte, nach denen Sie auch heute auf echt Moselaner Art die Fische zubereiten können. Und noch eins: leisten Sie sich zum Essen dann einen Porz Viez oder eine Flasche eines frischen, trockenen Moselweins, denn Moselfische ohne Moselwein sind wie Brot ohne Salz.

Moselaal in Riesling

1 Mosel- oder Flußaal, Saft von einer Zitrone, $^{1}/_{2}$ l Wein, $^{1}/_{4}$ l Wasser, Salz, Zitronensaft, 2 dicke Zwiebeln, 3 Nelken, 2 Lorbeerblätter

Den Aal vorbereiten und mit Zitronensaft beträufeln. Wein und Wasser mit dem Zitronensaft, Salz, den Zwiebeln, Nelken und Lorbeerblättern aufkochen. Den Aal darin ziehen lassen, bis er gar ist. Auf eine längliche vorgewärmte Platte legen, mit ausgelassener Butter beträufeln und mit Petersilie und Zitronenachteln garnieren.

Dazu reicht man Krachelcher (s.S.79) oder Salzkartoffeln und Bohnensalat.

Aal in Dillsoße

Nicht an Dill sparen.

1 Flußaal, Zitronensaft, 1 l Brühe, 1 Bund Suppengrün (Porree, Zwiebel, Möhre, Sellerie), 1 Lorbeerblatt, 2 Gewürznelken, 40 g Butter, 40 g Mehl, $^{3}/_{8}$ l Brühe, $^{1}/_{8}$ l Sahne, viel gehackter Dill

Den Aal säubern und in große Stücke schneiden. In Zitronensaft säuern. Die Brühe mit dem geputzten und kleingeschnittenen Suppengrün und den Gewürzen aufkochen. Den Aal einlegen und gar ziehen lassen. Die Butter zerlassen, das Mehl hell anschwitzen und mit der Brühe ablöschen. Mit Sahne verfeinern und mit viel frischem, gehacktem Dill anreichern.

Hecht in Meerrettichsoße

1 Hecht, Zitronensaft, 1 l Brühe, 1 Bund Suppengrün (Porree, Sellerie, Möhre, Zwiebel, Petersilienwurzel), 40 g Butter, 40 g Mehl, 2 EL frisch geriebener Meerrettich, 1/8 l saure Sahne

Den Hecht schuppen und säubern. In große Stücke zerteilen und mit Zitronensaft einreiben. Nach 10 Minuten abtrocknen. Die Brühe mit dem geputzten und gewürfelten Gemüse aufkochen. Die Hechtstücke einlegen, bis zum Siedepunkt erhitzen, dann aber den Fisch nur gar ziehen lassen. Herausnehmen und warmstellen. Die Butter in einem Topf zerlassen, mit Mehl anschwitzen und mit 3/8 l Fischsud ablöschen. Einmal gut durchkochen. Dann den gewaschenen Meerrettich direkt in die Soße reiben. Mit Sahne verfeinern. Die Hechtstücke kurz darin erhitzen und möglichst sofort zu Tisch bringen.

Dazu Salzkartoffeln und frischen Blattsalat servieren. Tip: Den Hecht anstatt in Brühe einmal nur in Weißwein garen. Auch da sollte das Suppengrün nicht fehlen. In Trier serviert man ihn »blau« im Weißweinsud und ißt dazu Gedämpne (s. S. 79) und Salat.

Hechtpfanne aus Cochem

1 Hecht, Salz, Pfeffer, einige Spritzer Worcestersoße, Saft von 1 Zitrone, Mehl, Butter zum Braten, 2 Zwiebeln, 1/4 - 1/2 l Moselwein, 1 Dose Champignons, 1/2 - 1 Becher Sahne

Den Hecht schuppen und säubern. Mit Zitronensaft einreiben und 15 Minuten ziehen lassen. Danach innen und außen mit Salz und Pfeffer einreiben und mit einigen Tropfen Worcestersoße beträufeln. In Mehl wälzen. Die Butter in einer länglichen, tiefen Pfanne aufschäumen lassen, den Hecht, die Champignons und die gehackten Zwiebeln leicht darin anbraten und mit Moselwein ablöschen. Gut erhitzen und gar ziehen lassen, aber nicht kochen. Den Sud anschließend mit Sahne abziehen. Dazu Petersilienkartoffeln und Mauseohrsalat (s. S. 90) reichen.

Tip: Nicht typisch, aber köstlich schmeckt das Gericht, wenn es mit einigen Trüffeln angereichert ist.

Gespickter Moselhecht

1 Hecht, einige Speckstreifen, Zitronensaft, Salz, Pfeffer, 60 g Butter, 40 g Mehl, $^{1}/_{4}$ l Moselwein, $^{1}/_{8}$ l Sahne, etwas Zitronensaft, 1 Prise Zucker

Den Hecht schuppen, säubern und quer zum Grat mit Speckstreifchen durchziehen. Von innen mit Zitronensaft einreiben und 10 Minuten säuern. Dann trockentupfen und mit Salz und Pfeffer von innen und außen einreiben. In schäumender Butter von beiden Seiten braten. Auf vorgewärmter Platte warmhalten. In dem Bratfett das Mehl hell rösten, mit Moselwein, Zitronensaft und Sahne zu einer sämigen Soße abziehen. Mit Salz, Pfeffer und Zucker pikant abschmecken. Die Soße separat zum Hecht servieren.

Trierer Fischschüssel

Im Mittelalter bereitete man dieses Gericht mit Rotwein zu, heute aber häufig mit weißem Moselwein.

I. 250 g Aal, 375 g Barsch, 1 Fl. Wein, 1 Lorbeerblatt, 2 Nelken, 1 große Zwiebel, 1 Möhre, 1 Stück Zitronenschale –
II. 500 g Hecht, 1 $^{1}/_{2}$-2 Brötchen, 1 Ei, $^{1}/_{2}$ l warme Milch, Salz, Pfeffer, Fischsud (s. Hecht in Meerrettichsoße) –
III. Mehlbutter aus: 40 g Butter, 40 g Mehl

Et kost e bösselchen Arbeit!

Den Aal und den Barsch putzen. In eine große Schüssel legen und mit Wein übergießen. Die Gewürze und das gewürfelte Gemüse zugeben. Den Fisch 2 Tage lang darin marinieren. Dann herausnehmen, abtropfen lassen. Die Marinade durchsieben, die Gewürze und Gemüse in einen Mullbeutel geben. Den Rotwein aufkochen, den Fisch und den Mullbeutel einlegen. 15 Minuten gar ziehen lassen.

In einem anderen Topf wird der Hecht in dem Fischsud gegart. Danach den Hecht abziehen und entgräten. Die Brötchen in Milch einweichen und gut ausdrücken. Den Hecht und die Brötchen 2mal durch die feine Scheibe des Fleischwolfs drehen. Ein Ei einarbeiten. Ist der Teig zu weich, um daraus Klößchen zu formen, so gibt man noch etwas Paniermehl hinein. Salzen und mit Pfeffer abschmecken.

Den Mullbeutel aus dem Sud nehmen. Von dem Teig kleine Klöße abstechen und in den Sud gleiten lassen. Aus Butter und Mehl einen Kloß kneten und auf die »Schüssel« legen. Verkochen lassen; das Gericht in der Schüssel servieren. Dazu aß man früher nur Brot.

Hannes is doll drauf

Gebackene Moselfische

16-20 kleine Moselfische, Salz, Pfeffer, Mehl, Ausbackfett

Die Fische säubern und ausnehmen. Sie werden gesalzen und mit etwas Pfeffer eingerieben und durch Mehl gewälzt. In heißem Fett in der Friteuse oder Pfanne knusprig braun ausbacken. Man ißt diese Fische mit den Fingern. Es gibt dazu nur einige Scheiben deftigen Bauernbrotes und Viez oder Wein.

Moselfische, sauer-süß eingelegt

12 kleine Moselfische, Zitronensaft, Salz, Pfeffer, Mehl, Ausbackfett
Marinade: 1 l Wasser, 2 l Weinessig, 2 EL Zucker, 1 TL Salz, 8-10 Lorbeerblätter, 4 große Zwiebeln, 1 Beutel Gewürzkörner

Die Fische säuern, 10 Minuten ruhen lassen, salzen und pfeffern. Dann in Mehl wenden und in heißem Fett kräftig ausbacken.

Wasser, Wein, Zucker und Salz vermischen und erwärmen, bis sich Salz und Zucker aufgelöst haben. Die gebackenen Fische schichtweise mit Zwiebelscheiben, den Lorbeerblättern und den Gewürzen in eine Schüssel legen. Mit der warmen Marinade übergießen. 2 Tage darin ziehen lassen. Diese Fische sind ein köstliches und wirksames Gericht bei einem Kater. Dazu gibt es nur Brot und Viez.

Spuckl kein Fährmann drauf.

Lieser Bachforelle

a) blau gekocht

Pro Person: 1 Bachforelle
Auf 1 l Wasser: 4 EL Weißwein, 5 EL Essig, 3 gehäufte TL Salz, 1 Bund Wurzelwerk

Wasser, Wein, Essig, Salz und Wurzelwerk zum Kochen bringen. Die Forellen mit dem Kopf zuerst ins Kochwasser geben. (Vorsicht, daß die Schleinhaut nicht verletzt wird, da sich sonst die Forellen nicht blau färben.) Sie müssen ganz mit Wasser bedeckt sein. Wieder zum Kochen bringen, den Topf von der Herdstelle nehmen und die Forellen 20 Minuten ziehen lassen. Garprobe: Die Rükkenflossen lassen sich leicht herausziehen. Mit Petersilie und Zitronenschnitzen garnieren. Dazu gibt es Salzkartoffeln, zerlassene Butter und grünen Salat.

b) Müllerin-Art

Pro Person: 1 Bachforelle, Salz, 1 EL Zitronensaft, Mehl, 50 g Butter

Die Forellen von innen salzen, von außen durch Zitronensaft ziehen, in Mehl wenden und in Butter goldbraun braten. Dazu schmeckt vorzüglich »Wehlener Specksalat« (s.S.82)

c) Gebackene Forellen

Backen Sie die Forellen einmal nach Trierer Art, nach dem Rezept für gebackene Moselfische.

Krebse

Krebse schmecken am besten in den Monaten ohne »r«, also von Mai bis August.

a) gekocht:

2 Lorbeerblätter, 4 Gewürznelken, 2 Zwiebeln, Salz, 1 Sträußchen Dill in 2 l kochendes Salzwasser oder Moselwein geben. Die Krebse lebend, mit dem Kopf zuerst, in das stark sprudelnde Was-

ser werfen und 10-15 Minuten kochen lassen. Wenn sie leuchtend rot sind, herausnehmen und sofort essen. Eßbar ist das Fleisch der Scheren und Schwänze.

b) gebacken:

Früher warf man die lebenden Krebse in die Glut des offenen Feuers. Backen Sie die Krebse heute so: kochen wie oben angegeben, im Sud auskühlen lassen, dann das Fleisch aus den Scheren und Schwänzen schälen. Durch Ei und Paniermehl wälzen und in heißem Fett ausbacken.

Notizen & weitere Rezepte:

fig · 7

Eintopfgerichte

Löffelschesbohnen

Das Lieblingsgericht aller Moselaner und Eifeler sind die Löffelschesbohnen. Früher Hauptnahrungsmittel, sind die Bohnen auch heute noch bevorzugtes Anbaugemüse. Große Stangenbohnenfelder werden überall da angelegt, wo das Moseltal es zuläßt. Und Spötter nennen die Bohnen ganz schlicht Wingertsfleisch, weil sie neben dem geliebten Tiertich am häufigsten den Wingertstopf füllen, ein Eintopf also, der nicht nur zu Hause umschwärmt wird.

1 kg grüne Stangenbohnen, 250 g durchwachsener, magerer Bauchspeck oder 500 g Rippchen, 500 g Markknochen, 2 l Wasser, Salz, Pfeffer, 1 Stengel Bohnenkraut, 2 Lorbeerblätter, 2 Zwiebeln, 1 kg mehlige Kartoffeln, 100 g durchwachsener Speck, 1 dicke Zwiebel, 2 EL Mehl, Maggi, evtl. Essig und 4 Bockwürstchen

Die Knochen mit dem Wasser aufsetzen und gut auskochen. Die Bohnen in der Zwischenzeit abfädeln, waschen und in 1-2 cm große Stücke (so daß sie auf einen Löffel passen) schneiden. Die Kartoffeln schälen, waschen und würfeln. Die Rippchen bzw. den Speck kurz anbraten. Die Bohnen und Kartoffeln einfüllen, kurz mit durchschmoren und mit der durchpassierten Knochenbrühe auffüllen. Die Gewürze, Kräuter und Gemüsezutaten beifügen und so lange kochen lassen, bis das Fleisch gar ist, die Kartoffeln zerfallen und die Bohnen weich sind. Den Speck und die Zwiebeln würfeln, anrösten, mit dem Mehl bestäuben und in die kochende Suppe rühren, so daß sie sämig wird. Mit Maggi abschmecken.

Variante: Manche Familien säuern den Eintopf mit etwas Essig an und schneiden noch zusätzlich einige Bockwürstchen hinein.

Dazu ißt man aus der Hand oder von einem anderen Teller Grumbernschnietscher, das sind Reibepfannkuchen. Ein traditionelles Essen zur Markusberger Kirmes in Trier ist »Löffelschesbohnen mit Quetschekuche«, zur Suppe werden also riesige Stücke Pflaumenkuchen gegessen.

Wat kocht es heut –
Wingertsfleesch ??

Tiertich/Gräwes

Zwei Namen – ein Gericht. Halt! Zwei Namen? Tördich, Teertich, Cräwes, auch diese Namen bezeichnen den Wingertseintopf. Ursprünglich von den von Winzern angeheuerten Arbeitern aus der Eifel mit in den Wingert gebracht, hat sich dieses Gericht überall an der Mosel als *das* Lieblingsessen schlechthin durchgesetzt. Es ist schnell zubereitet, gut aufzuwärmen und hält bei der schweren Arbeit Leib und Seele zusammen.

1 dickes Eisbein (750-1000 g) oder Schweinerippchen, 750 g Sauerkraut, etwas Brühe, etwas Moselwein, 1 Lorbeerblatt, 1 Zwiebel, 750-1000 g Kartoffeln, Salzwasser, etwas Milch, Speck und Zwiebeln

Das Eisbein in Brühe halb gar kochen. Danach das Sauerkraut obenauf legen, etwas Wein angießen, salzen, pfeffern und mit der Zwiebel und dem Lorbeerblatt würzen. Etwa 1 Stunde kochen lassen. Inzwischen die Kartoffeln schälen, in Salzwasser garen und durch die Kartoffelpresse drücken bzw. zerstampfen. Mit heißer Milch zu einem glatten Püree verrühren. Nun werden Sauerkraut und Püree gemischt. Das in Portionen geschnittene Eisbein obenauf legen. Speck- und Zwiebelwürfel auslassen und über das Gericht geben. Dieser Eintopf wurde und wird im Herbst bei der Weinlese in einen Henkelmann geschichtet, den man zur Mittagszeit in dem Rebenfeuer im Wingert aufwärmt. Neben diesen Töpfen stand früher häufig der Fluppeskrug (s.S. 119), aus dem man dann seinen Durst löschte und dessen Inhalt so herrlich stärkte und wärmte.

Wenn man aber sparen wollte, so kochte man kein Fleisch mit. Dann wurden kleine Blut- und Leberwürste gebraten und obenauf gelegt. Die Leberwürste brät man mit dem Darm, die Blutwürste zieht man ab, wendet sie in Mehl und brät sie dann erst.

Ganz sparsame Leute braten nur Speckwürfel und Zwiebeln in der Pfanne und mengen diese unter den Brei.

Wü merr ißt,
so schafft merr aach!

Kappesmanges

Kappesmanges ist in der Zubereitung gleich mit dem Tiertich. Statt sauren Kohl (Sauerkraut) kocht man hier süßen Kohl (Weißkohl) mit. Die Garzeit ist bei diesem Eintopf erheblich kürzer, deshalb muß das Fleisch auch vorweg fast ganz gar gekocht werden.

Buhnenteertich

Statt des Kohls werden bei diesem Eintopf weiße Bohnen oder grüne Stangenbohnen mit Püree und Speck gemischt. Die Eifeler essen dazu noch deftiges Landbrot.

Doler Jakob

250 g Speck, 250 g weiße Bohnen, 500 g Möhren, 500 g Kartoffeln, 250 g getrocknete oder 500 g frische Pflaumen, 1 l Buttermilch, Salz, Pfeffer, etwas Bohnenkraut

Die Bohnen 1 Nacht quellen lassen, dann mit dem Speck in Salzwasser mit etwas Bohnenkraut gar kochen. Die Möhren und Kartoffeln putzen und würfeln. Ebenfalls – aber gesondert von den Bohnen – in Salzwasser garen. Die Pflaumen in heiße Buttermilch geben und langsam darin ziehen lassen. Wenn getrocknete Pflaumen genommen werden, müssen auch sie 1 Nacht einweichen. In diese Pflaumen-Buttermilch mischt man nun die abgetropften Bohnen, Möhren und Kartoffeln. Man schmeckt mit Salz, Pfeffer und evtl. mit etwas Zucker noch ab. Der Speck wird obenauf gelegt. Das Gericht wird im Topf serviert. Früher aß man es mit einem Löffel direkt aus dem Topf. Für den Speck stellte man für jeden einen Teller bereit. Geschnitten wurde der Speck mit dem Taschenmesser, das jeder Mann immer bei sich trug. Für die Frauen legte man kleine Messer bereit. Auch dieser Eintopf wanderte häufig in die »Henkelmänner«!

Schiffmannskost

Von Traben-Trarbach bis Trier gleichermaßen beliebt!

500 g Suppenfleisch, Salz, 1 Bund Suppengrün (2 Möhren, 1 Stück Sellerie, etwas Petersilienwurzel, 2 Stangen Lauch), 2 l Wasser, 1 kl. Kopf Wirsing, 2-3 Kohlrabi, 750 g Kartoffeln

Hätte Fischers Matthes auch gern probiert

Das Suppenfleisch mit dem geputzten und kleingeschnittenen Suppengrün im Salzwasser vorgaren. Inzwischen den Wirsing säubern und in Streifen schneiden, die Kohlrabi und Kartoffeln schälen und würfeln. In die Suppe geben und mitkochen, bis alles gar ist. Mit Salz, Maggi und Pfeffer abschmecken. Dazu reicht man deftiges Brot.

Fronleichnamstopf

Ein typisches Fronleichnamsessen ist dieser Eintopf. Er ist an der Mittelmosel sehr beliebt, nicht nur, weil er fast wie von selbst gart und auch die Hausfrau damit Zeit gewinnt, mit der Prozession zu gehen, sondern auch und besonders, weil er so vorzüglich schmeckt.

500 g Rindfleisch, 500 g Kalbfleisch, Fett zum Braten, Salz, Pfeffer, 2 Tassen Brühreis, 5 Tassen Wasser, Maggi, Weißwein

Das Fleisch in faustgroße Stücke schneiden, würzen und in dem heißen Fett kräftig braun anbraten. Mit 1 Tasse Wasser ablöschen und halb gar schmoren. Den Reis waschen und zugeben. Ebenso das restliche Wasser. Dieses Gericht nicht kochen, sondern langsam – etwa 3-4 Stunden – ausquellen lassen. Öfter einmal umrühren. Mit Maggi abschmecken und nachwürzen. Jeder gibt nach Geschmack einen Schuß Wein in das Gericht, wenn es auf dem Teller ist.

Notizen & weitere Rezepte:

Notizen & weitere Rezepte:

Wenn Allerheilige is,
Is uns de Winder gewiß,
Wann er noch e bissje waart,
Kimmt er gewiß de Maart.
(Bauernregel)

fig. 8

Mehl- und Kartoffelgerichte

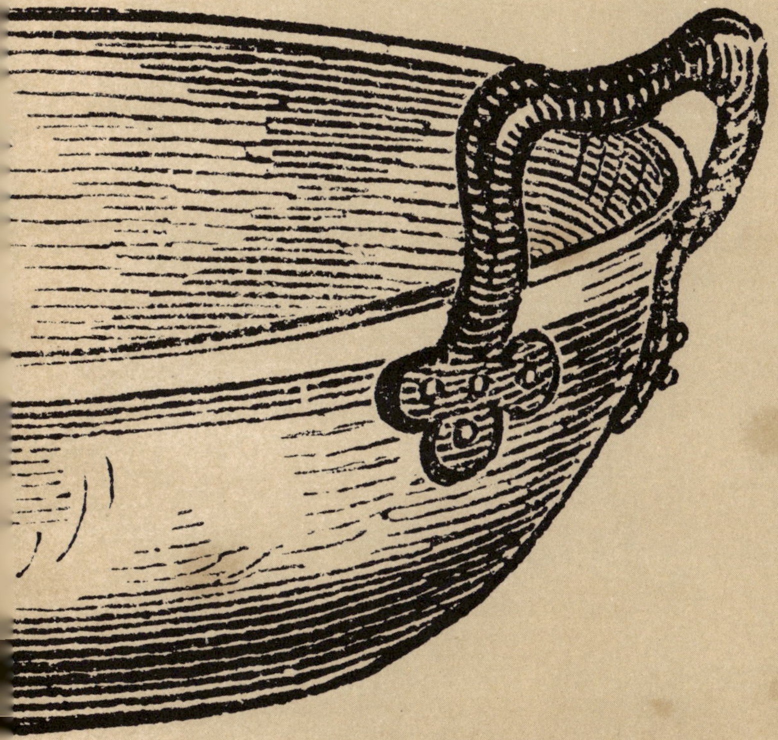

Mehlwaffeln

Sie wurden früher in viereckigen Spezialeisen gebacken. Sie können aber heute zum Ausbacken auch die üblichen Waffeleisen mit Herzchenformen benutzen.

375 - 500 g Mehl, 30 g Hefe oder $1\frac{1}{2}$ TL Backpulver,
2 Eier, etwas Salz, etwa $\frac{1}{2}$ l Milch, 1 Speckschwarte

Die Hefe mit etwas warmer Milch anrühren. Mehl, Eier, Salz und Milch verschlagen, die Hefe einrühren. Etwa 20 Minuten an warmem Ort gehen lassen. Bevorzugen Sie Backpulver, so mischen Sie dieses unter das trockene Mehl und arbeiten Sie weiter wie gehabt.

Das Waffeleisen erhitzen, mit einer Speckschwarte ausreiben, etwas Teig einfüllen und das Eisen schließen. Goldbraun backen.

Mehlwaffeln werden zu dicken Suppen wie z. B. Löffelschesbohnen gegessen.

Schnittlauchpfannkuchen

250 g Mehl, 1 TL Salz, $\frac{1}{2}$ l Milch, 2 Eier, 1 - 2 Bund
Schnittlauch, Ausbackfett

Aus Eiern, Mehl, Milch und Salz einen guten Pfannkuchenteig schlagen. Etwa $\frac{1}{2}$ Stunde quellen lassen. Inzwischen den Schnittlauch waschen, trockentupfen und in kleine Röllchen schneiden. Mit dem Teig vermischen. Etwas Fett in einer Pfanne erhitzen, eine Suppenkelle Teig einlaufen lassen und diesen von beiden Seiten goldgelb backen. Dazu ißt man Bohnensalat und Gedämpne (s. S. 79).

Guden
Abbedit!

Hedelich-Pfannkuchen

Hedelich oder Heidekorn oder Buchweizen war in der Eifel und im Hunsrück früher eins der wichtigsten Grundnahrungsmittel. Er wuchs auf dem kargen Boden am besten. Wen wundert es, daß man viele Gerichte nicht mit Weizenmehl, sondern mit Buchweizenmehl bereitete.

500 g Buchweizenmehl, $^1/_2$ TL Salz, 3 Eier, Kaffee und Selterswasser zum Anrühren, Speckscheiben und Schmalz zum Braten.

Aus Mehl, Salz, Eiern und halb Kaffee, halb Selterswasser einen dicken Pfannkuchenteig rühren, der mindestens 4-5 Stunden quellen muß. Jeweils einige Scheiben Speck in Schmalz in einer Pfanne anbraten, eine Kelle Teig darübergießen und als Pfannkuchen von beiden Seiten kroß ausbraten. Buchweizenpfannkuchen sollen dünn und knusprig sein. Dazu ißt man Salat oder Heidelbeerkompott, »Wäähle« genannt. In Trier mag man den Buchweizenpfannkuchen gern zu einer Suppe.

Früher ersetzten diese Pfannkuchen häufig das Martinsgansessen (s.S.53), weil sie schneller zubereitet und vor allem preiswerter waren.

Hedelichklöße

250 g Buchweizenmehl, 2 Eier, Salz, $^1/_4$ l Milch, 1 Bund Petersilie

Die Eier mit dem Salz und der Milch verschlagen. Die Petersilie feinhacken und zugeben. Das Buchweizenmehl langsam einrühren und abschlagen, bis der Teig Blasen wirft. Etwa 1 Stunde ruhen lassen. Mit nassen Händen oder mit einem angefeuchteten Löffel Klöße formen, in siedendes Salzwasser gleiten lassen und 15-20 Minuten darin ziehen lassen. Herausnehmen, abgetropft in eine Schüssel legen und mit ausgebratenen Zwiebel- und Speckwürfeln übergießen. In manchen Familien ist es üblich, geröstete Brotwürfel in die Mitte zu füllen. Dazu ißt man Kompott aus getrockneten Birnen.

Mehlklöße

oder Mellkleeß, wie man an der Mosel sagt, ißt man gern in Verbindung mit Gedämpnen und mit Griewen (ausgebratenen Speckwürfeln) abgeschmelzt. Häufig serviert man sie nach einer leichten Suppe, dann mit gekochtem Obst oder Apfelmus.

250 g Mehl, 2 Eier, 1 TL Salz, $^1/_8$ l Milch, 1 $^1/_2$ l Brühe oder Milch

Aus den Zutaten einen dicken Pfannkuchenteig herstellen und einige Zeit quellen lasen. Die Brühe oder Milch erhitzen, mit einem nassen Löffel Klöße von dem Teig abstechen und in die heiße Flüssigkeit gleiten lassen. Gar ziehen lassen und aus der Brühe schöpfen. Mit geräucherten Speckwürfeln abschmelzen.

Essen Lisbeths Kinder jeden Freitag

Karfreitags-Klöße

Das sind Grießklöße, die man süß oder auch pikant zubereitet, früher fast nur am Karfreitag aß.

$^1/_4$ l Wasser, 80 g Butter, 6 EL Grießmehl, 2 Eier, Salz, Muskat, evtl. 2 EL Zucker

Das Wasser mit der Butter aufkochen, den Grieß auf einmal hineinrühren und zum Kloß quellen lassen. Eier, Salz und Muskat, evtl. auch Zucker zugeben. Mit einem feuchten Löffel Klöße abstechen und in heißer Flüssigkeit ziehen lassen; süße Klöße werden in Milch gegart, pikante Klöße in Brühe. Sie sind nach etwa 5 Minuten gut. Dann werden sie entweder gebraten oder mit zerlassener brauner Butter abgeschmelzt. Dazu reicht man gekochtes Dürrobst oder Läählekompott.

Kartoffelklöße

Kartoffelklöße sind sicherlich nichts Typisches für die Mosel. Sie werden in ganz Süddeutschland mit Vorliebe verspeist. Da sie aber an der Mosel so viele Gerichte begleiten, habe ich ihre Zubereitungsarten festgehalten, damit Sie dafür nicht noch in anderen Kochbüchern suchen müssen.

a) Kloßteig

1 1/2 kg rohe Kartoffeln, 1 kg gekochte Kartoffeln vom Vortag, 2-3 EL Rahm oder 2 Eier, 1 gehackte Zwiebel, Muskat, Salz, evtl. Petersilie

Die rohen Kartoffeln schälen, reiben und fest ausdrücken. Die gekochten Kartoffeln ebenfalls reiben und mit den rohgeriebenen vermengen. Die Eier bzw. den Rahm, die Zwiebel und Gewürze zugeben und evtl. mit noch etwas Mehl binden. Mit nassen Händen runde oder längliche Klöße formen und in siedendem Salzwasser gar ziehen lassen.

b) Füllungen

Häufig werden die runden Klöße gefüllt. Dazu nimmt man entweder geröstete Brotwürfel oder 1 TL Leberwurst oder 1 TL Blutwurst oder ausgebratene Speckwürfel. Immer aber, ob gefüllt oder nicht, werden die fertigen Klöße mit ausgebratenen Speck- und Zwiebelwürfeln und dem Speckfett abgeschmelzt.

Rahmkartoffeln

1 1/2 kg Kartoffeln, 40 g Butter, 40 g Mehl, 1 Eigelb, 1/4 l Milch, Salz, Pfeffer, Fondor

Die Kartoffeln waschen und in der Schale kochen. Abschrecken, pellen und in dicke Scheiben schneiden. Butter und Mehl leicht anschwitzen, mit Milch und Eigelb ablöschen und mit Fondor, Salz und Pfeffer abschmecken. Die Kartoffelscheiben durch die Soße heben. Mit Möhren und gekochtem Rindfleisch ein köstliches Mittagessen.

Gedämpne/Krachelcher

1 kg Kartoffeln, 3-4 EL Öl oder Schmalz, Salz

Die geschälten und gewaschenen Kartoffeln werden in grobe Würfel geschnitten. Das Fett läßt man in einem Gußbräter heiß werden und gibt die Kartoffelwürfel hinein. Man schließt den Bräter mit einem Deckel, damit die Gedämpne weich werden. Nach 10 Minuten nimmt man den Deckel schnell vom Topf und läßt die Würfel unter öfterem Wenden schön kroß werden. Die Gedämpne nun mit einem Schaumlöffel herausnehmen, das Fett abtropfen lassen, salzen. Außer zu Braten, zu Wild und zu gebratenen Würsten werden Gedämpne zu Schwartemagensalat (s. S. 37) gereicht, zu Eierspeisen oder Kurzgebratenem.

Kartoffelbrocklinge

8 mittelgroße Kartoffeln, 4 Zwiebeln, 2 EL Mehl, 1 Ei, 1 TL Rohzucker, Salz, Kümmelpulver und gewiegte Kräuter (Petersilie, Schnittlauch, Dill u. a. nach Geschmack), Ausbackfett

Die Kartoffeln schälen, reiben und mit den feingehackten Zwiebeln und Kräutern, mit den Gewürzen und dem Ei vermengen. In heißem Fett große Kuchen ausbacken, übereinander legen und vierteln.

Für Bannuscher

Rilles - Ralles

Ein typisches Bauerngericht aus den Randgebieten des Hunsrücks.

2 kg Kartoffeln, 150 g durchwachsener geräucherter Speck, 4 dicke Zwiebeln, einige Butterflöckchen, Pfeffer, Salz, Muskat (evtl. 2 oder 3 Eier)

Die Kartoffeln schälen und in nicht zu dünne Scheiben schneiden. Den Speck und die Zwiebeln würfeln. Ein Backblech mit hohem Rand wird leicht ausgebuttert und mit der Hälfte der Kartoffeln belegt. Der Speck wird in einer Pfanne ausgebraten. Die Hälfte des Specks und Speckfetts kommt über die Kartoffeln, ebenso die Zwiebeln. Mit den Gewürzen zart bestreuen und eine zweite Lage (genauso) einschichten. In einigen Familien reichert man das Gericht an, indem man es jetzt mit geschlagenen Eiern übergießt. Butterflöckchen darauf verteilen, das Blech in den Backofen schieben und etwa 45 Minuten bei 200° C backen.

Das Gericht wird auf dem Backblech serviert. Jeder sticht sich mit dem Pfannenheber ein Stück davon ab und ißt dazu Salat oder Kompott ganz gleich welcher Art.

Debbekoche/Scholes

Debbekoche sagt man in Koblenz, Schales oder Scholes an der Mittelmosel und in Trier. Aus der jüdischen koscheren Küche entliehen, wird das Gericht seit Jahrhunderten als das Martinsessen schlechthin in Koblenz angesehen. Abgesehen von dem etwas spöttischen Namen »Arme-Leute-Gans« wird Debbekoche um den 11. November noch immer traditionell und mit gutem Zuspruch in den Gaststätten angeboten. Das Gericht am 11. November zu essen, hat seine Bewandtnis in der mittelalterlichen Verordnung, daß Pächter an Martini Pacht und Holzgeld zu zahlen hatten. Die Herrschaften spendierten dann zu der Gelegenheit ihren Hörigen eine Mahlzeit: die einen eine Gans oder ein Huhn, die anderen eben »nur« Debbekoche.

2 1/2 kg rohe Kartoffeln, 2 Eier, Salz, Pfeffer, Muskat, 100-150 g Dürrfleisch (durchwachsener, geräucherter Bauspeck), 2 Zwiebeln
Abwandlung: Mettwurstwürfel, Lauchringe, etwas Mehl, 1 eingeweichtes und ausgedrücktes Brötchen, Öl für den Bräter

Die Kartoffeln schälen und roh reiben. Gut ausdrücken und mit Eiern, Salz, Pfeffer und Muskat würzen. Das Dürrfleisch und die Zwiebeln würfeln und anbraten. Mit dem Fett in den Teig rühren.

Einen Gußbräter mit Öl auspinseln, den Teig einfüllen und kleine Dellen hineindrücken. Über den Teig einen mageren Ölfilm gießen. Bei 220° C im vorgeheizten Ofen etwa 2 Stunden backen. Der Debbekoche wird heiß gegessen mit Apfelmus und Kaffee. Damit man ihn besser verträgt, steht auch eine Flasche Moselhefe (s.S. 121) auf dem Tisch.
Abwandlung: in den rohen Teig zusätzlich Mettwurstwürfel, Lauchringe, Mehl oder ein Brötchen mischen.

Wenn St. Martin kommt geritten,
Wird dem Bauer der Beutel geschnitten.

Saurer Stambes

Saurer Stambes ist ein Gericht, das man moselauf und -ab liebt. Einfach zubereitet, oft aus Resten hergestellt, ergibt es eine vollständige Mahlzeit.

I. Pfannkuchenteig: 250 g Mehl, 2 Eier, Salz, $^{1}/_{2}$ l Milch
II. Füllung: Kartoffelpüree, Essig

Kartoffelpüree wird mit Essig pikant gesäuert. Aus den Zutaten I wird ein guter Pfannkuchenteig hergestellt. Man läßt ihn einige Zeit quellen und backt daraus goldgelbe Kuchen. Wenn sie aus der Pfanne kommen, werden sie mit Stambes gefüllt, aufgerollt und sofort gegessen.

Einzige Beilage: Löwenzahn- oder Mauseohrsalat (s.S.89 und S.90).

Wehlener Specksalat

1 kg Kartoffeln
Soße: 2EL Öl, 5 EL Essig, 2 Zwiebeln, Salz, Pfeffer, 1 Prise Zucker, 75-100 g durchwachsener, geräucherter Bauchspeck

Die Kartoffeln schälen und weichkochen. Noch warm in Würfel schneiden und mit der Soße vermengen. Den Speck würfeln, in der Pfanne ausbraten und mit dem Fett zu dem Salat geben. Den Salat warmhalten, manchmal durchheben und evtl. mit etwas Essig und Salz vor dem Servieren nachwürzen. Dazu ißt man gebackenen Fisch, geräucherte und in der Pfanne gebratene Blut- und Leberwürste oder Schwenkbratensteaks.

Mir schmeckt Fisch am besten!

Notizen & weitere Rezepte:

Wer sich mit Stambes wäscht,
Wer mit Bodder Feier läscht,
Wer sich no Handstrombele bickt,
Wer Wasser bei de Mieler schickt –
der is verrickt.

fig · 9

Gemüse und Salate

Spinat

1 kg Spinat, 1 kg Mangold, Salz, Muskat, 40 g Butter, 1 Prise Zucker, 20 g Mehl

Das Gemüse verlesen und waschen. Den Spinat in einen großen Topf geben und mit kochendem Wasser überbrühen. Aufkochen, damit die Blätter beifallen und garen. Abschütten und etwas auskühlen lassen. Den Mangold fein hacken, den Spinat durch den Fleischwolf drehen oder mit einem Spinaträdchen passieren. Den Mangold erst jetzt gar kochen. Inzwischen Butter und Mehl anschwitzen, das Gemüse zugeben, durchrühren und mit Salz, Zukker und Muskat abschmecken. Der strenge Geschmack wird durch etwas eingerührte Sahne milder.

Dazu Krachelcher (s. S. 79) oder Salzkartoffeln und Bratwurst reichen.

Erbsenbrei

Traditionelles Hochzeits- und Kirmesessen an der Mittelmosel ist Erbsenbrei, Sauerkraut und Schweinesteak (Kotelett). Diese Sitte ist bis ins 18. Jahrhundert zurückzuverfolgen. Sie stammt also aus einer Zeit, in der es bei uns noch keine Kartoffeln gab. Große Erbsenfelder zeugten von der Notwendigkeit und der Beliebtheit dieser Frucht. Man ließ sie gelb ausreifen und drosch sie dann in großen Mengen. Das Stroh wurde aufbewahrt bis zum Fastnachtsfest, an dem man mit großem Gejohle und Geschrei den Winter austreiben wollte. Der Winter trat in Gestalt eines jungen Burschen, der ganz in dieses schwarz gewordene Stroh eingebunden war, auf. Zum Schluß dieses Festes wurde das restliche Stroh unter Singen und Tanzen verbrannt.

500 g gelbe, getrocknete Erbsen, Salz, Pfeffer, Thymian, 1 geriebene Zwiebel, 1 EL Butter, 1 $^1/_2$ l Wasser

Die Erbsen in dem Wasser eine Nacht ausquellen lassen. Dann mit dem Einweichwasser, den Gewürzen und Kräutern zum Kochen bringen und in etwa 2-2 $^1/_2$ Stunden sehr weichkochen. Die Erbsen in ein Haarsieb schütten, das Kochwasser aber auffangen. Die Erbsen durchtreiben und soviel Flüssigkeit zugeben, daß daraus ein geschmeidiger Brei wird. Diesen mit Butter verfeinern. Mit ausgebratenen Speck- und Zwiebelwürfeln übergossen anrichten.

Gedämpfte Bohnen

Met dem Äppen elao könne vör Personen bauchsaat gänn!

1 kg junge grüne Stangen- oder Buschbohnen, 50 g Speck, Salz, Pfeffer, Bohnenkraut, 2 Zwiebeln, 2 Äpfel, 2 EL Essig, 1 EL Zucker, 1/4 l Brühe

Die Bohnen waschen, abfädeln und in feine Scheiben schnippeln. Speck und Zwiebeln würfeln, kurz anbraten, die Bohnen hinzugeben und mit Brühe ablöschen. Die Äpfel schälen und achteln. Diese mit allen übrigen Zutaten zum Gemüse geben und gut durchschmoren. Pikant süß-sauer abschmecken und zu Schweinebraten, Mettwurst oder Rauchfleisch (s.S.32) reichen.

Dicke Bohnen

An der Mittelmosel und in Kur-Trier sind sie so beliebt, daß es in einem Buch heißt ». . . Und sie füllen sich die Bäuche, bis sie dick werden.« Und ein Sprichwort lautet: Fünf im Löffel – Fünf im Mund – Fünf in den Augen! Sagt das nicht alles?

Zu diesem Gericht werden aber nicht wie in Norddeutschland die Kerne der Bohnen genommen, sondern man kocht die jungen, fingerlangen, zarten Schoten.

1 kg Schotenbohnen (Sau- oder Pferdebohnen), 1 1/2 l Salzwasser, 40 g Butter, 40 g Mehl, 1/4 l Brühe, 1/4 l Milch oder Rahm, Salz, Petersilie, Bohnenkraut.

Die Schoten waschen und in Salzwasser mit etwas Bohnenkraut garen. Abschütten. Die Bohnen in Scheiben oder Würfelstücke schneiden. Eine holländische Soße zubereiten: Butter mit Mehl hell rösten, mit Brühe und Milch ablöschen und einmal aufkochen. Mit Salz, gehackter Petersilie und etwas Bohnenkraut abschmekken. Die Bohnen damit vermengen. Dazu gibt es gekochten durchwachsenen, geräucherten Bauch, Rauchfleisch (s.S.32) oder geräucherte Würstchen und Kartoffeln. Schlemmer trinken dazu wenigstens $^1/_2$ Flasche halbtrockenen Moselwein.

Schotenerbsen

Sie werden ähnlich wie die dicken Bohnen zubereitet. Junge Zukkererbsen werden mit den Schoten gekocht, einmal durchgeschnitten und in Butter gedünstet oder in einer holländischen Soße (s. voriges Rezept) – aber ohne Bohnenkraut – angemacht. Dazu Schnitzel und Gedämpne – ein köstliches Frühsommeressen.

Weiße Bohnen

Weiße, getrocknete Bohnen werden selten als Eintopf gekocht. Sie sind Gemüsebeilage zu Eisbein, Rippchen und Salzkartoffeln. So mögen es die Trierer:

500 g weiße Bohnen, 4 Tassen Wasser, Salz, 500 g Rippchen, 1 dickes Eisbein, 1 Zwiebel, 1 Stück Sellerie, 250 g Möhren, 1 EL brauner Zucker, 1 TL Senfmehl, Petersilie

Die Bohnen eine Nacht in Wasser einweichen. Die Bohnen abschütten, das Wasser aber auffangen. In einen großen Topf das Eisbein legen, die Bohnen drumherum und mit 4 Tassen Einweichwasser und etwas Salz zum Kochen bringen. Nach etwa 1 Stunde Kochzeit die Rippchen, die gewürfelten Möhren, Sellerie und Zwiebeln sowie Zucker und Senfmehl in den Topf geben. Noch etwa 1 Stunde garen. Das Fleisch aus dem Gemüse nehmen und extra reichen. Das Bohnengemüse noch einmal abschmecken und dick mit Petersilie bestreuen.

Chicorée

Man sollte meinen, Chicorée sei – schon vom französischen Namen her gesehen – untypisch, weil er in Frankreich und Belgien bekannter ist als in unseren Landen. Für die Moselaner ist das falsch! Denn sie legen sich – soweit Großmutter zurückdenken kann – Sandbeete im Keller an, setzen Chicoréepflanzen ein und freuen sich auf den Tag, an dem sie sie stechen können.

3–4 dicke Chicoréestauden
Vinaigrette aus: 2 EL Öl, 4 EL Essig, Salz, Zucker, Pfeffer, 1 gehackte Zwiebel, 1 gehacktes, gekochtes Ei, 1 Gewürzgürkchen

Aus dem Chicorée den bitteren Strunk kegelförmig herausschneiden. Dann in Ringe schneiden und in der Vinaigrette marinieren. Den Salat nicht zu lange stehen lassen, da die Vitamine dann auslaugen.

En Trunk zur Salaot
schaot dem Dokter en Dukaot.
Es et awwer kä Wein,
da laoß et sein.

Löwenzahnsalat

Man nennt ihn auch wohl Weinbergsalat. Er wird im Frühjahr eifrig gesucht – vor der Blüte – und nicht nur, um ihn als späteres Unkraut zu vernichten. Man sagt ihm harntreibende und blutreinigende Wirkung nach. Wer ihn nicht selber suchen mag, findet ihn in jedem Frühjahr in Gemüsegeschäften und auf dem Markt.

500 g Löwenzahn, 1/2 Knoblauchzehe, 3–4 Eier, Öl, Essig, Salz, viel Borretsch, Pfeffer, 1 gehackte Zwiebel, 80 g gewürfelter Speck

Den Salat verlesen, die Strünke entfernen. In Streifen schneiden. 3–4 Eier hartkochen und in Würfel schneiden. Eine Salatsoße aus Öl, Essig, Borretsch, Salz, Pfeffer und gehackter Zwiebel bereiten. Die Salatschüssel mit Knoblauch ausreiben, den Salat einfüllen, marinieren und mit den ausgebratenen Speckwürfeln anreichern.

Mauseohrsalat

Mauseohrsalat ist nichts anderes als Feldsalat, der häufig wild in den Weinbergen wächst und, abends gestochen, mit nach Hause wandert. Zu Krachelcher oder Wingertsschmeer bildet er eine vitaminreiche Ergänzung.

Feldsalat, rote Bete oder gekochter Sellerie
Salatsoße: Öl, Essig, Salz, Pfeffer, 1 Zwiebel

Die Bete oder den Sellerie in Stifte schneiden, den Salat waschen und verlesen. Die Salatsoße anrühren. Kurz vor dem Servieren alle Zutaten mischen.

Notizen & weitere Rezepte:

fig . 10

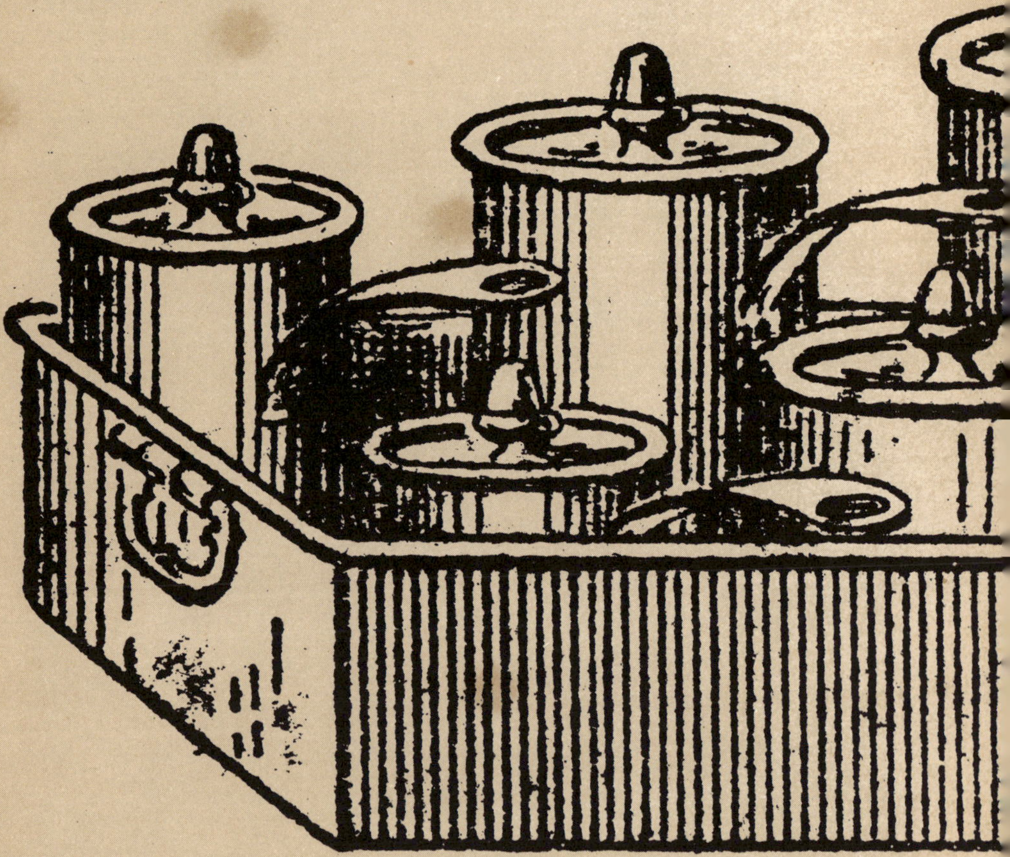

Soßen

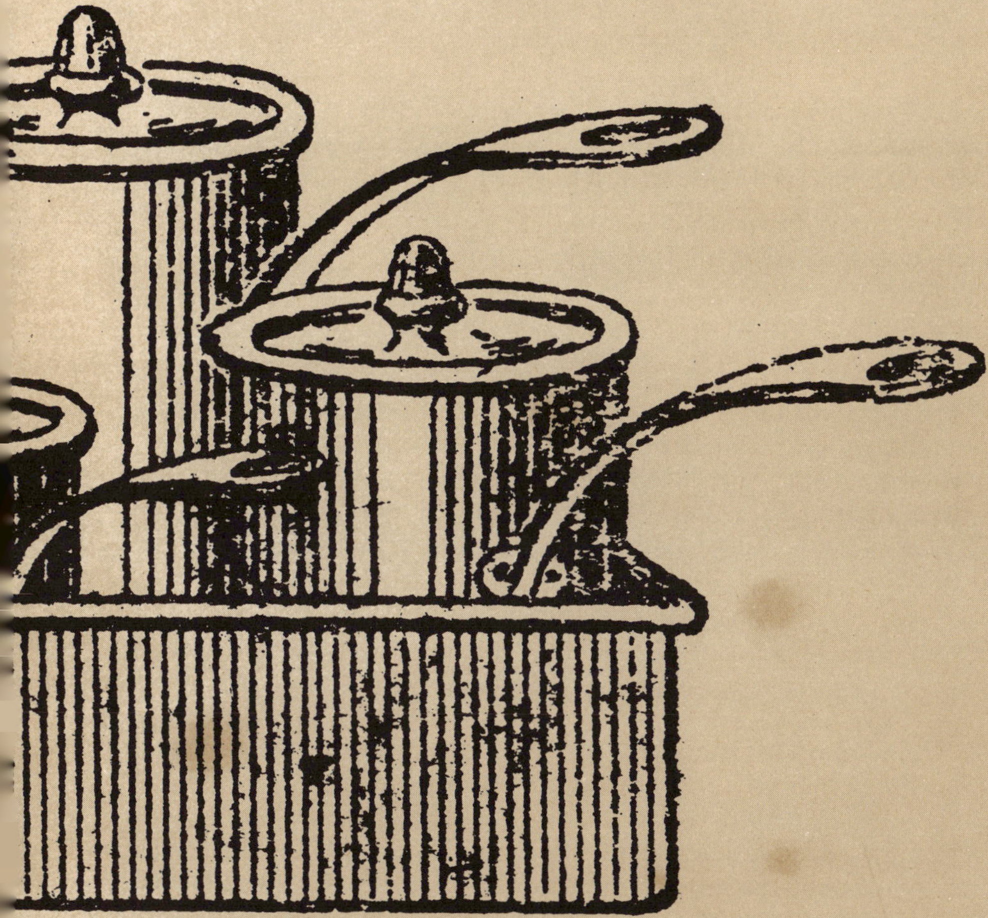

Wichtig! Kräftig abschmecken.

Zwiebelduckes

2–3 dicke Zwiebeln, 3 EL Öl und Essig

Die Zwiebeln in Ringe schneiden, in Öl ausbraten und mit Essig ablöschen.

Diese Soße schmeckt den Moselanern zu Gequelltenen (das sind Pellkartoffeln), zu Weißfischen, sauer eingelegt, und zu Klößen.

Mehr Zwiebeln schaden auch nicht!

Braune Specksoße/Griebensoße

100 g durchwachsener Speck, 2 dicke Zwiebeln, 2 EL Mehl, 1/4 l Wasser oder Brühe, etwas Sahne oder Milch, Salz

Den durchwachsenen Speck und die Zwiebeln in Würfel schneiden und ausbraten. Mit Mehl bestäuben, braun durchbraten und mit Wasser oder Brühe ablöschen. Mit Sahne oder Milch verfeinern und mit Salz abschmecken.

Typisch: Salzkartoffeln, Specksoße und Spinat.

Meerrettichsoße

Frischen Meerrettich, je nach Bedarf, reiben und mit kochendem Wasser übergießen. Ausdrücken und mit soviel Wein verrühren, daß der Meerrettich gut feucht und sämig wird. Mit Zucker, Salz und – in manchen Familien – mit etwas Dosenmilch abschmecken. 1 Tag ziehen lassen und kalt zu gekochtem Rindfleisch oder zu Fisch reichen.

Remoulade

Diese Soße wird kalt zu warmem, gekochtem Rindfleisch gegessen. Rindfleischsuppe, dann das gekochte Fleisch mit der Remoulade mit Weißbrot und Gürkchen, waren fester Bestandteil eines festlichen Essens. Danach servierte man Braten mit Gemüse und gebackenen Schinken mit Sauerkraut. Das Dessert bestand häufig aus Weincreme oder aus Schneeballen mit Vanillesoße oder aus beiden Süßspeisen.

40 g Butter, 40 g Mehl, $^1/_4$ l Brühe oder Milch, 2–3 Gürkchen, 6 hartgekochte Eier, 3 rohe Eidotter, $^1/_8$ l Öl, Saft einer Zitrone, 1 EL Senf, etwas Sahne, viel Schnittlauch (etwa 3 Bündchen)

Die Butter im Topf zerlassen, das Mehl darin anschwitzen und mit Brühe oder Milch (beide Grundsorten werden vorgefunden) zu einer dicken Soße ablöschen. Erkalten lassen. Von den hartgekochten Eiern passiert man die Eigelb durch ein Sieb, verrührt sie mit den rohen Eidottern und schlägt das ganze unter Hinzufügen von Öl, Zitronensaft und Senf zu einer steifen Soße. Beide Soßen werden vermischt, mit etwas Sahne verfeinert und mit dem gehackten Eiweiß, den gehackten Gürkchen und mit Schnittlauchröllchen angereichert. Die Soße muß steif wie ein Pudding sein – so lieben es die Moselaner.

Nervenblutmayonnaise

2 Eier, 1 EL Öl, etwas Essig, $^1/_8$ l Sahne, $^1/_8$ l Spinatsaft, $^1/_8$ l Tomatensaft, Salz, Zucker, 1 EL Zitronensaft, 1 gehackte Zwiebel

Die Eier schlagen und mit dem Öl und Essig im Wasserbad dicklich schlagen. Sahne und Säfte einrühren und erhitzen. Danach würzen und die gehackte Zwiebel zugeben. Sie soll roh herausschmecken. Gut zu Eiern und gebackenen Fischen.

Weinschaumsoße

$^1/_4$ l Weißwein, $^1/_4$ l Wasser, 1 Päckchen Vanillesoßenpulver, 60 g Zucker, 1 Eigelb, 1 EL Zitronensaft

Alle Zutaten in einen Topf geben und bei kleiner Flamme so lange schlagen, bis die Soße eindickt. (Vorsicht! Brennt leicht an!) Sie soll aber nicht kochen. Wenn Sie sicher gehen wollen, daß die Soße nicht anbrennt, dann schlagen Sie sie besser im Wasserbad.

Schmeckt gut zu ausgebackenen Äpfeln und über Schneeballen (Rezept s.S. 102).

Vanillesoße

$^1/_2$ l Milch, 1 Päckchen Vanillesoßenpulver, 40 g Zucker, 1 Eigelb

Alle Zutaten kalt vermischen und bei kleinster Flamme langsam dicklich schlagen. An der Mosel wird sie über Schneeballen gegossen oder zu Weingelee gereicht (Rezepte s.S. 100).

Notizen & weitere Rezepte:

fig. 11

Desserts

Würfeln, kühlen und mit Soße überziehen – köstlich!

Weingelee

1 Flasche Weißwein (Moselriesling oder Viez), 125 g Zucker, einige EL Wasser, abgeriebene Schale von 1 Zitrone, 2 Päckchen gemahlene weiße Gelatine

Zitronenschale, Zucker und Wasser aufkochen, so daß sich der Zucker auflöst. Diesen Sirup mit dem Wein vermischen. Die Gelatine nach Vorschrift auflösen und in den Wein rühren. In eine Glasschüssel gießen und zum Gelieren kaltstellen. Mit Vanillesoße und Makrönchen ein erfrischendes, köstliches Dessert!

Weincreme

6 Eigelb, 1 Päckchen Vanillepuddingpulver, 1 Päckchen Vanillezucker, 1/2 TL gemahlener Zimt, 4 EL Zucker, 1 Flasche Weißwein, 6 Eiweiß

Die Eigelb mit dem Zimt, dem Vanillezucker, Zucker, Wein und dem Puddingpulver gut verschlagen und bei kleinster Flamme kurz aufkochen. Das Eiweiß zu steifem Schnee schlagen und unter die noch warme Speise heben.
Weincreme ist immer der Abschluß eines Festessens.

Festlicher Weinpudding

1 Flasche Weißwein, 5 Eigelb, 5 EL Zucker, 3 EL Speisestärke, 1 Päckchen Vanillezucker, 5 Eiweiß, 50 gemahlene Mandeln, Zimt-Zucker-Gemisch

Der Wein wird mit den Eigelb, dem Zucker, dem Vanillezucker und der Stärke verschlagen und bis zum Eindicken erhitzt. Das Eiweiß wird steifgeschlagen und mit Vanillezucker und Mandeln vermischt. Den Pudding in eine gefettete Auflaufform füllen, mit der Eiweißmasse überziehen und bei 200° C etwa 20 Minuten überbacken. Mit Zimt und Zucker bestreut als Nachtisch reichen.

Dat äärpen eich fürt Vrechen gern!

Viezpudding

½ Flasche Viez (oder anderer Apfelwein), 1 Päckchen Vanillepuddingpulver, 2 EL Zucker, ⅛ l Sahne, 1 Päckchen Vanillezucker

Den Viez und den Zucker erhitzen. Das Puddingpulver mit etwas restlichem Viez oder mit Wasser glattrühren und zu der erhitzten Flüssigkeit geben, so daß diese stockt. Die Sahne mit dem Vanillezucker steifschlagen und unter die erkaltete Creme heben.

Himbeercreme

125 g Zucker, 3 Eigelb, ½ Flasche Weißwein, 2 EL Wasser, 370 g durchpassierte frische (oder tiefgekühlte und aufgetaute) Himbeeren, 2 Päckchen rote gemahlene Gelatine, 3 Eiweiß

Lecker mit geschlagener Sahne

Zucker, Eigelb, Wein, Wasser und die durchpassierten Himbeeren bis zum Kochen bringen. Die Gelatine nach Vorschrift auflösen und unter die noch heiße Creme rühren. Wenn die Masse beginnt zu gelieren, die zu steifem Schnee geschlagenen Eiweiß unterheben. Gut durchkühlen.

Apfelschnee mit Schuß

Apfelmus aus 1 kg Äpfeln und 40 g Zucker, 3 Eiweiß, 2 Vanillezucker, 2–3 EL Moseltrester

Aus 1 kg Äpfeln Mus (wie üblich) kochen und süßen. Die Eiweiß zu sehr festem Schnee schlagen und dann mit Vanillezucker süßen. Unter das heiße Mus heben, in eine Glasschüssel füllen und erkalten lassen. Kurz vor dem Essen mit Trester beträufeln.

Ausgebackene Äpfel

4 Äpfel, Zimt und Zucker
Teig: 180 g Mehl, 2 Eier, $^1/_2$ TL Salz, 1 EL Zucker,
$^1/_4$ l Milch, Fett zum Ausbraten

Mit dem Ausstecher das Kerngehäuse aus den Äpfeln holen. Aus Mehl, Eiern, Salz, Zucker und Milch einen halbfesten Teig herstellen und diesen ruhen lassen. Die Äpfel *nicht* schälen, in Scheiben schneiden und durch den Teig ziehen. Das Fett erhitzen und die umhüllten Apfelscheiben goldgelb darin ausbacken. Mit Zimt und Zucker bestreuen und mit Weinschaum- oder Vanillesoße servieren. Früher gab es diese Apfelscheiben zu einer kräftigen Suppe.

Schneeballen

$^1/_2$ l Milch, 50 g Zucker, 2 Eiweiß, 50 g Zucker

Die Milch mit dem Zucker zum Erhitzen bringen. Die Eiweiß zu steifem Schnee schlagen; den Zucker dabei einrieseln lassen. Von dem Eischnee kleine Bällchen abstechen und auf die heiße Milch setzen. 5 Minuten ziehen lassen, umdrehen und wieder 5 Minuten stocken lassen. Die Bällchen mit einer Schaumkelle herausnehmen und kühl stellen. Mit Vanillesoße übergießen.

Lecker
mit
Sauer-
kirschen!

Notizen & weitere Rezepte:

fig. 12

Gebäck

Grundrezept für Hefeteig

500 g Mehl, 100 g Butter, 1 Prise Salz, 75 g Zucker,
$^3/_{16}$ l Milch, 40 g Hefe

Das Mehl in eine vorgewärmte Schüssel geben und in der Mitte eine Kuhle drücken. Die Hefe mit etwas lauwarmer Milch, 1 Teelöffel Zucker und dem Salz glattrühren und in die Kuhle gießen. Mit soviel Mehl vermengen, daß ein Vorteig entsteht. Diesen mit etwas Mehl bestäuben und am warmen Ort 15 Minuten gehen lassen. Danach die Butter und den Rest der Milch leicht erwärmen, mit dem Zucker und Mehl zu einem leichten Teig verarbeiten. Schlagen, bis er Blasen wirft. 20 Minuten gehen lassen.

Weck und Brezel

Brot hat von jeher sinnträchtige Bedeutung gehabt. Eine ganz besondere Stellung aber nehmen an der Mosel die Viezje, Rosenwecken und Martinsbrezel ein. Die Viezje sind ein mürbes Gebäck in Form eines Wasserweckens. Sie wurden früher vornehmlich zu Kirchfesten und Trauerfeiern gereicht. Rosenwecken dagegen sind süße, längliche Brötchen, die am Gründonnerstag gebacken, in der Kirche geweiht und dann – früher an Arme – an die Gläubigen verteilt werden. Die Martinsbrezel sind etwa 15 cm lange süße, weiche Brezel, die St. Martin an die Kinder verteilt.

a) Viezje

1 Grundrezept Hefeteig (allerdings wird die Milch häufig durch Wasser ersetzt), 2 Eigelb

Den Teig nach dem »Gehen« zu Doppelbrötchen formen, mit Eigelb bestreichen und braun abbacken. Viezje werden in Gaststätten häufig zu einem Porz Viez gereicht.

b) Rosenwecken

1 Grundrezept Hefeteig evtl. zusätzlich Rosinen, 2 Eigelb

Aus dem Teig etwa 10 cm längliche Brötchen formen. Diese auf der Oberfläche rautenförmig einritzen, so daß nach dem Backen Zacken hochstehen. Mit Eigelb bepinseln und lichtbraun backen. Sie sollen noch weich sein.

c) Martinsbrezel

1 Grundrezept Hefeteig, 2 Eigelb, Hagelzucker

Aus dem Teig fingerdicke und etwa 15 cm lange Brezel formen, diese mit Eigelb bestreichen und mit Hagelzucker bestreuen. Goldbraun abbacken. Die Brezel sollen außen knusprig, innen weich sein.

Sonntag gleich nachmachen

Naunzen

500 g Mehl, 5 Eier, 200 g Zucker, 20 g (1–2 EL) Sahne, 1 EL zerlassene Butter, 1 Glas Rum, etwas Zimt, Ausbackfett, Puderzucker

Aus den angegebenen Zutaten einen guten Mürbeteig kneten und diesen 1 Stunde ruhen lassen. Danach dünn ausrollen, mit einem Kuchenrädchen Dreiecke ausrädeln und diese mit einem Messer einmal in der Mitte einschneiden. Das bewirkt, daß der Teig beim Ausbacken keine Blasen wirft. Das Fett erhitzen, die Dreiecke ein wenig ziehen und schwimmend goldgelb abbacken. Abgetropft durch Puderzucker wälzen. Ursprünglich ein Fastnachtsgebäck, wird es heute aber das ganze Jahr über angeboten und gegessen.

Eifeler Bund

1 Grundrezept Hefeteig, 250 g getrocknete Pflaumen

Aus den Zutaten einen sehr weichen Hefeteig bereiten, evtl. mit noch zusätzlicher Butter und Milch verfeinern. Die Pflaumen entkernen und in Würfel schneiden. In den Teig rühren. Diesen in eine Napfkuchenform füllen und abbacken. In Scheiben geschnittenen »Bund« gab es früher häufig sonntagsmorgens mit Butter. Am Dreikönigstag backte man eine weiße und eine braune Bohne mit, um einen König und seine Dame zu bestimmen. Das größte Fest der Junggesellen Triers war früher der Bohnenball, an dem durch Kauf von Berlinern oder Bund während des Festes der König ermittelt wurde. Die Damen mußten eine weiße Bohne, die Herren eine braune Bohne finden.

Kartoffelbrot

40 g Hefe, 10 g Salz, 1 Teller gekochte, kalte, geriebene Kartoffeln, $1\frac{1}{2}$ l Buttermilch, 1750 g Mehl

Die Hefe mit etwas warmer Milch verrühren. Alle Zutaten gut mischen. Den Teig 6 Stunden gehen lassen, dabei aber nicht warmstellen. Mit Mehl noch einmal gut durchkneten, 2 Brote formen und diese auf ein Backblech legen. In den kalten Ofen schieben und in $1-1\frac{1}{4}$ Stunden bei 180° C abbacken.

Hält sich mehrere Wochen

Römerbrot

20 g Hefe, 125 g Milch, 350 g Mehl, 50 g Zucker, 100 g Butter, 1 Eigelb, $\frac{1}{2}$ TL Salz, 300 g Rosinen, 100 g Mandeln, 30 g Rum, 1 Päckchen Vanillezukker, abgeriebene Schale einer Zitrone

Die Hefe in etwas warmer Milch anrühren und mit etwas Mehl zu einem Vorteig arbeiten. Antreiben lassen, mit den übrigen Zutaten verkneten und gut schlagen. Gehen lassen, kneten, einen Stollen formen und wieder gehen lassen. Bei 225° C braun abbacken. Erkaltet dick mit Puderzucker bestreuen.

100-Tage-Kuchen (Gesundheitskuchen)

Da man früher noch kein Backpulver kannte, ließ man es sich beim Apotheker zusammenmischen.

375 g Mehl, 375 g Butter, 375 g Zucker, 60 g feingehackte Mandeln, Abrieb von einer Zitrone, 10 Eier, 250 g Korinthen, $1\frac{1}{2}$ TL Backpulver, 1 Glas Rum

Die Butter schaumig rühren. Nach und nach alle Zutaten zufügen, zum Schluß Rum und steifgeschlagene Eiweiß. In eine Napfkuchen- oder Kastenform füllen und bei 200° C etwa 1 Stunde bakken.

Der Kuchen hält sich sehr lange frisch.

Katsches Knappkuchen ist toll

Knappkuchen

Knappkuchen gab es immer zur Helenenkirmes in Euren. Sie fand einen Sonntag nach dem Namensfest »Helene« statt. Die Kinder aus der Gegend um Trier wußten meist nicht, ob sie sich mehr auf die Kirmes oder auf den Knappkuchen freuten. Er muß ganz frisch, möglichst noch warm gegessen werden.

250 g Butter, 250 g Zucker, 4 Eier, 250 g Mehl, $^1/_2$ Päckchen Backpulver, 125 g Mandelstifte, 1 TL Zimt, 3 EL Zucker

1/4
60 g Butter
60 g Zucker
1 Ei
60 g Mehl
1/4 Backp.

Die Butter schaumig rühren und nach und nach die übrigen Zutaten hineingeben, zum Schluß die steifgeschlagenen Eiweiß. Den Teig dünn auf 2 gefettete Backbleche streichen, mit Mandelstiften und Zimt und Zucker bestreuen. Schnell abbacken. Noch warm in Rauten schneiden und möglichst sofort essen. In Trier trinkt man dazu Viez.

Grießkuchen

Grießkuchen ist ebenfalls ein Kirmeskuchen. Wenn zur Kirmes Besuch ins Haus stand, backte man oft 10–15 Platten »Toart«, ein Grießkuchen war immer dabei.

1 Grundrezept Hefeteig (doppelte Menge), $1^1/_2$ l Milch, 200 g Grieß, 80 g Zucker, 125 g–250 g Rosinen (nach Geschmack), 4 Eier

Ein gefettetes Backblech mit dem Hefeteig auslegen. Einen steifen Grießbrei kochen. Die Eier zum Schluß einrühren. Den Brei sofort auf den Kuchen streichen. Bei 200° C etwa 20–30 Minuten backen.

Hilf, Herr, wat hon eich mich verpänzt — un dat an Kirmes.

Karin mag besonders gern Kümmel.

Apfelkuchen

1 Grundrezept Hefeteig, 1 kg mürbe Äpfel, Kümmel, Zucker, 1 Eigelb

Den Teig teilen. Mit der einen Hälfte den Boden und den Rand einer großen Springform auslegen. Die Äpfel schälen und in Scheibchen schneiden. Mit Zucker und Kümmel mischen und auf den Tortenboden legen. Die 2. Teighälfte auflegen und am Rand fest andrücken. Mit Eigelb bestreichen und bei 200° C etwa 30 Minuten backen. Noch warm essen.

„Beereflaare" sagt Kobes

Biereflade

Biereflade sind große runde Birnenmustorten, die es früher an der Mosel und in der Eifel zu allen Festen gab. Zu Hochzeiten und zur Kirmes gab es riesige Berge Fladen.

1 Grundrezept Hefeteig, 500 g getrocknete Birnenschnitze, 60 g Zucker, 1 Messerspitze Nelkenpulver, $^1/_2$ TL Zimt

Die Birnen eine Nacht in Wasser quellen lassen. In diesem Wasser, das aber die Birnen nur knapp bedecken soll, die Früchte so weich kochen, daß man sie zu Mus passieren kann. Zucker und Gewürze mitkochen lassen. Von dem Teig $^2/_3$ abnehmen und eine gefettete Springform damit auslegen. Den Rand etwas höher ziehen. Darauf das Mus geben. Den restlichen Teig ausrollen und mit einem Kuchenrädchen in Streifen rädeln. Diese Streifen als Riemchengitter über das Mus legen. Abbacken wie Apfeltorte.

Wo Biere sinn, do sinn auch Kniewel.

»Kiestoart«

Kennen Sie diese köstlichen, saftigen Käsetorten? In Trier schwärmt man davon.

Teig: 250 g Mehl, 125 g Butter, 120 g Zucker, 2 Eigelb, 1 TL Backpulver
Füllung: 1 EL Butter, 10 Päckchen Vanillezucker (150 g), 3 EL Zucker, 4 Eigelb, 100 g gemahlene Mandeln, $^{1}/_{2}$ TL Backpulver, 500 g Quark, 2 Eiweiß

Den Teig mit kühlen Händen kneten. Mit $^{3}/_{4}$ des Teigs eine gefettete Springform auslegen und 10 Minuten vorbacken. Die Füllung schön schaumig schlagen und auf den Teig streichen. Den restlichen Teig ausrollen und die Füllung damit abdecken. Etwa 60 Minuten bei 180° C backen. Mit Puderzucker bestreuen und recht frisch essen.

Versunkene Rieslingstorte

180 g Zucker, 180 g Butter, 6 Eier, 1 TL Backpulver, 250 g Mehl, 70 g gemahlene Mandeln oder Nüsse, 500–750 g Weintrauben (kleine Rieslingtrauben)

Die Butter mit dem Zucker schaumig rühren; nach und nach die Eigelb einrühren, so daß die Masse weißschaumig ist. Mehl, Backpulver und Mandeln zugeben und zum Schluß die zu Schnee geschlagenen Eiweiß. Eine gefettete und gemehlte Springform mit dem Rührteig füllen. Die Trauben waschen und vom Stiel zupfen. Auf den Teig legen. Die Trauben rutschen beim Backen in den Teig. Backzeit: 60 Minuten bei 180° C.

Mit Sahne servieren.

Geht auf wie bei Mathesens Hochzeit!

fig . 13

Getränke

Von Wingert, Wein und Bacchusfreuden

Der Wein, wohl das edelste aller Getränke, hat eine lange und ehrenwerte Geschichte, die ich in ein paar Sätzen nicht erzählen kann. Darüber gibt es eine stolze Anzahl von Büchern, die ausführlicher und gründlicher sind, als ich es in einem Kochbuch sein kann. Wohl aber will ich erwähnen, daß die Römer diese Reben einst mit an die Mosel brachten und sie an den Schieferhängen kultivierten. Die Rebsorten wechselten zeitweise, und heute weiß man, daß die Rieslingtraube die ertragreichste und gehaltvollste Traube für diesen Boden und dieses Klima ist. Bis sie aber als Wein in Ihren Gläsern funkelt, hat der Winzer ein schweres und langes Arbeitsjahr hinter sich gebracht. Darüber zu berichten – denn das geschieht in kaum einem Buch – halte ich für lohnenswert. Der Wein wird viel bewundert, der Winzer aber – wenn nicht gerade in romantischer Weise verherrlicht – kaum erwähnt.

Das Arbeitsjahr des Winzers beginnt nicht mit dem 1. Monat des Jahres, sondern mit dem Abschneiden der Rundbogen, der alten Triebe also, direkt nach der letzten Ernte, das ist etwa im Dezember. Im Januar wird dann gedüngt. Mit seiner »Hotte«, der aus Weiden geflochtenen Rückenkiepe, trägt der Winzer den Stallmist und den Kompost zwischen die Rebstöcke. Im Februar etwa – und diese Arbeit muß bis Mitte April erledigt sein – beginnt das Schneiden und Binden der neuen Triebe. Zu lange Triebe werden gekürzt und dann wie die übrigen zu Rundbogen an den Stock angebunden. Eine Frau, diese Arbeit wird vornehmlich von Frauen ausgeführt, schafft an einem Tag das Binden von etwa 200 Tragreben. Jeder Stock bekommt 2–3, manchmal bis zu 5 Rundbögen. Im April werden gerodete alte Stöcke durch Neupflanzungen ersetzt, es wird erneut gedüngt und der Boden bearbeitet. Im Mai setzt die erste Schädlingsbekämpfung ein. Früher machten die Winzer das mit einer Handspritze, heute erfolgt die Vernichtung der Reblaus aus der Luft. Insgesamt wird bis August fünfmal gespritzt. Im Juni und Juli fallen Landarbeiten an: Ausbrechen unfruchtbarer und überflüssiger Triebe, Aufbinden der jungen, starken Triebe. Das darf bis Ende August dauern. Dann wird der Weinberg bis zur Lese geschlossen. Niemand darf ihn betreten, um

Lichtmeß,
Spinnrad vergeß!
Krummes zur Hand,
in den Wingert gerannt!

das Wachsen der Trauben nicht zu stören. In dieser Ruhezeit im Wingert werden zu Hause die Keller und Fässer vorbereitet für die baldige Lese. Diese beginnt im Oktober mit der sogenannten Vorlese, d.h. Frühsorten und die auf dem Boden liegenden Trauben werden geerntet. Die Hauptlese ist dann im November, als Spätlese auf den Etiketten zu erkennen. Beerenauslese nennt man das Schneiden derjenigen Trauben, die inzwischen überreif geworden sind. Diese Lese läuft mit allen anderen parallel. Die späteste Ernte ist der sogenannte Eiswein. Die Trauben bleiben oft bis »Nikolaus« hängen, bis die ersten Nachtfröste das Wasser in den Trauben gefrieren lassen. Der Extrakt, der nicht einfriert, muß noch vor dem Auftauen der Trauben gekeltert (früher) bzw. gepreßt (heute) werden.

Das wäre kurz zur Arbeit im Wingert gesagt. Gleichzeitig aber gibt es natürlich die Arbeit im Haus und Keller. Wenn die Trauben geschnitten sind, in den Traubenliellen zum Bottich an der Straße gebracht sind, werden die vollen Bottiche ins Dorf gefahren. Dort werden die Trauben gepreßt. Den Saft nennt man Most, die Rückstände Trester (s.S.121). Der Most läuft in Fuderfässer, das sind 1000 l fassende Eichenfässer. Da der Most sich beim Gären ausbreitet, dürfen die Fässer nicht ganz gefüllt werden. Bald nach dem Verschließen der Fässer beginnen die Zuckerpilze, die Hefemikroorganismen, sich rapide zu vermehren. Die dadurch hervorgerufene Gärung ist also nichts anderes als der Stoffwechselprozeß in der Hefezelle, in welchem Zucker in Alkohol und Kohlensäure zerlegt wird. Ist mehr als 28% Zucker im Most, können die Hefezellen nicht weiterarbeiten, denn der durch die Spaltung entstandene Alkohol wirkt jetzt tötend auf sie. Sie sinken auf den Boden der Fässer und bilden hier das Geläger oder die Trub.

Der Restzucker bleibt unvergoren. Der fast zum Wein gewordene Most, der »Federweiße«, klärt sich nun und wird »abgestochen«, d.h. in andere Fässer gefüllt, wobei die Hefe zurückbleiben muß. Dieser 1. Abstich wurde von jeher kräftig gefeiert. Man lud und lädt Verwandte und Freunde zur Weinprobe ein. Das ist etwa im Januar. Der Weinküfer bearbeitet und beobachtet den Wein jetzt recht sorgfältig bis zum 2. Abstich im März, dann nämlich, wenn der Wein auf Flaschen gezogen werden kann.

Den Schiefer und die Dung,
Die spürt man auf der Zung.

Das Winzer-Jahr ist also hart und arbeitsreich, es entbehrt der Romantik der Prospekte und Gedichte, und doch – für Außenstehende ist sie da. Fahren Sie an die Mosel! Es hängt immer ein typischer Duft in der Luft: Im Frühling ist es der herbe Erdgeruch der frisch gegrabenen Berge und das Aroma der jungen Rebtriebe. Im Vorsommer weht der Duft der Weinblüte durch die Gassen. Im Nachsommer ist es das üppige Weinlaub, im Herbst quillt Most- und Weingeruch aus allen Gassen und Kellertüren. Der Duft des Weins, der immer über den Orten schwebt, gibt ihnen wirklich ein festtägliches Fluidum.

Und dann diese Weinproben und Winzerfeste, bei denen man all die vielbesungenen Namen der Weinbergslagen, der Dörfer und Städte erlebt. Man muß sie einfach mitgemacht haben, diese Weinproben in den kleinen Winzerstübchen oder -kellern mit den hauseigenen Weinen, mit Mett- oder Käsebrötchen und mit lustigem Verplaudern in leicht weinseliger Stimmung.

Man sollte aber auch einmal ein Winzerfest erlebt haben, bei dem der Wein aus dem Marktbrunnen fließt, eine Königin gekrönt wird und festliche Umzüge und Feuerwerke das Pendant zur schweren Arbeit darstellt.

Lassen Sie sich wie weiland der Erzbischof Boemund II von Trier durch köstlichen Moselwein kurieren. Hier seine Geschichte, wie überhaupt die Mosel reich an Schwänken, Sagen und Erzählungen ist.

Der Bernkasteler Doctor

Erzbischof Boemund II. von Trier lag todkrank auf seiner Burg in Bernkastel, und kein noch so gelehrter Arzt konnte ihm helfen. Da ließ er in seiner Not im ganzen Bistum verkünden, wer ihn heile, der sei hohen Lohnes gewiß.

Da lebte auf einer Burg im Soonwald ein alter Ritter, den hatte der hohe Herr einst bei Sponheim aus dem Feinde gehauen. Als er von dem schlimmen Zustand seines Retters erfuhr, erinnerte er sich eines Tränkleins, das hatte ihn im vergangenen Winter von einem bösen Fieber befreit. Er stieg in den Keller hinab, fand noch ein

Fäßchen der heilsamen Medizin, lud es vor sich in den Sattel und ritt damit nach Bernkastel.

Als er dort im Burghof ankam und zum Erzbischof wollte, sah man ihn zwar mit seltsamen Augen an, ließ ihn aber doch in die Krankenstube. Hier lud er sein Fäßchen auf dem Tisch zwischen allerlei Pillen und Tränklein ab, wischte sich den Schweiß von der Stirn, trat an das Krankenlager und sagte: »Ein alter Lehnsmann will Euer Gnaden wieder auf die Beine helfen!«

Der Kranke erkannte ihn wohl nicht und sagte matt: »Seid mir willkommen! Was wollt Ihr mir denn raten?«

»Raten? Nichts! Vielmehr hab' ich Euch die Gesundheit mitgebracht!« Ohne viel Umstände schlug der Alte das Fäßchen an, goß einen herrlich duftenden Wein in einen Becher und reichte ihn hin.

Zuerst nippte der Kranke nur. Dann nahm er schon einen herzhaften Schluck. Und als der Trunk ihm wie Balsam durch die trockene Kehle rann, setzte er nicht wieder ab, bis der Becher ausgeleert war. Zweimal wiederholte sich das. Dann schlief der Kranke fest ein und erwachte erst wieder am nächsten Morgen. Er war zwar noch schwach, aber er hatte kein Fieber mehr.

Daß es nun weiter so bliebe, trank Herr Boemund die Arznei bis an sein Lebensende. Der Wein trägt seitdem den Namen »Bernkasteler Doctor«.

(Entnommen: Paul Weitershagen: Eifel und Mosel erzählen, Greven Verlag Köln 1968)

Krank war der Fürst!
Trotz der Ärzte Plagen,
sein letztes Stündlein
wollte schier schon schlagen.
Ein Fäßlein hat man
ihm gebracht .... er
trank und trank
am Doctorwein sich
neues Leben.
(Doktor-Stuben-Spruch,
Bernkastel)

Weinbrevier

Es erhebt keinen Anspruch auf Vollständigkeit. Es ist aber so zusammengestellt, daß ein Laie über die wichtigsten Begriffe, die mit Wein zusammenhängen, informiert ist.

Abstechen –	Trennung des Jungweines von der Hefe
Auslese –	Prädikat für Qualitätswein über 83 Oechsle
Beerenauslese –	Prädikat für Qualitätswein über 115 Oechsle, nur vollreife, edelfaule Weinbeeren
Blume, Bukett –	Duft des Weines
Charakter –	Geschmacksanalyse des Weines
Diabetiker –	müssen auf wenig Restsüße des Weines achten
Eiswein –	in gefrorenem Zustand gelesene und gekelterte Trauben; der Wein ist daher besonders süß und gehaltvoll
Federweißer –	Jungwein im Endstadium der Gärung
Firne –	Altersgeschmack
Gären –	umwandeln des Traubenzuckers in Alkohol
Hefe –	Mikroorganismus, der den Wein zum Gären bringt und den Zucker in Alkohol verwandelt
Kabinett –	Prädikat für Qualitätswein über 70 Oechsle
Keltern –	Auspressen der Traubenmaische
Korkgeschmack –	Geschmack durch kranken Kork, optisch nicht zu erkennen
Lage –	Name einer bestimmten Fläche von Weinbergs-Grundstücken
Lese –	Ernte der Weintrauben
Maische –	frische, zermahlene Trauben vor der Kelterung
Most –	Saft der Trauben vor der Gärung
Oechsle –	spezifisches Gewicht des Mostes
Prüfungsnummer –	der Wein erhält diese Nummer bei der staatl. Prüfung; Gewähr für Echtheit der Angaben (ab dem Jahrgang 1971)
Qualitätswein –	amtl. Qualitätsbezeichnung bei über 57 Oechsle bis 10% verbessert
Reblaus –	Großschädling im Weinberg

Guter Wein bedarf
keiner Empfehlung
Guter Wein lobt
sich selbst!

Restzucker –	unvergorener Traubenzucker, baut sich pro Jahr um ca. 10% ab
Riesling –	ist die an der Mosel vorwiegend angebaute Traube. Sie paßt sich dem Klima und Boden gut an und bringt bukettreiche Weine
Säure –	wird beim Wein in Gramm pro Liter angegeben
Spritzen –	Schädlingsbekämpfung im Weinberg
Schönen –	Klären des Weines durch zugelassene Klärmittel
Spätlese –	Prädikat für Qualitätswein über 76 Oechsle
Trester –	feste Rückstände der Kelterung, Grundlage für Tresterbranntwein
Trockenbeeren-auslese –	ist die Krone des Weines, nur edelfaule, trockene Beeren (rosinenartig) werden ausgelesen und gekeltert, Weinprädikat über 150 Oechsle
Weinprobe –	ist das Verkosten des Weins nach Farbe, Duft und Geschmack
Weinsiegel –	ist Gütezeichen und Orientierungshilfe bei der Vielzahl der Lagen, Rebsorten und Jahrgänge.

Fluppes

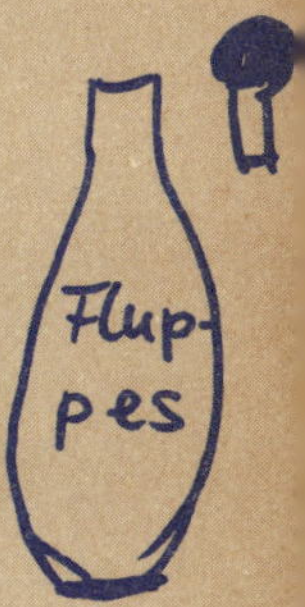

Fluppes ist das Getränk, das man gewinnt, wenn die Traubenrückstände (vom 1. Auspressen) mit Zucker versetzt und noch einmal ausgepreßt werden, um diesen gewonnenen Saft dann zu dem typischen Haustrunk der Winzer zu vergären. Fluppes darf wegen der minderwertigen Qualität nicht verkauft werden. Seit es die mechanische Pressung von Trauben, die fast trocken auspreßt, gibt, wird dieser Trunk kaum mehr gekeltert. Da er früher aber preiswert herzustellen war, diente er den Winzern als liebsames Getränk im Wingert und zu Hause. Man trank ihn meistens aus dem Bummeskrug, einem Steingutkrug mit Korkverschluß, wobei man diesen während der Wingertarbeit an das aus morschen Reben entfachte Feuer stellte, so daß sich der Fluppes erwärmte. Er war ein wohlig wärmendes und stärkendes Getränk bei dieser so schweren Arbeit.

Besser mit 60 geplatzt
als mit 70 vertrocknet.
(Alter Bauernspruch)

Viez

Viez ist der Apfelwein, der vornehmlich in der Trierer Gegend getrunken wird. Er wird im Holzapfelgebiet, in der Eurener Flur, hergestellt. Er ist herb, stark und durstlöschend. Die älteren Leute erinnern sich gern an die sonntäglichen Spaziergänge in die Vororte Triers, wo man in lauschigen Gartenwirtschaften herrlich kühlen Viez aus großen Steingutkrügen, Porz genannt, trank. Und heute sieht man allabendlich in den urigen Kneipen Triers Stammtischler beim Porz Viez. Rezepte zu Viezpudding und Wein- bzw. Viezsuppe, s.S. 101 und 23.

Viez schmeckt ausgezeichnet zu gebackenen Moselfischen und scharfem Käse. Mit Zimt und Zucker und gepulverten Kräutern verjagt er die Frühjahrsgrippe, und zur Maikirmes verbreitet er, als Bowle verarbeitet, ein köstliches Aroma.

Maiwein: Viez wird mit Zucker, Zimt und Muskatnuß abgeschmeckt. Dann gibt man zu gleichen Teilen folgende Kräuter und Blüten hinein: Waldmeister, Ehrenpreis, Schwarze Johannisbeere, Erdbeere, Wacholder, Schafgarbenrippen. Die Bowle nach 2 Stunden durchseihen und mit Früchten wie Zitrone, Ananas oder Pfirsich anreichern. Mit soviel Viez auffüllen, daß die Bowle sanft parfümiert schmeckt.

De Viez, dat is ä liewen Trank,
Hen eß mir liewer als de Wein;
Wen'n emmer trenkt, de gevt net krank,
De werd och emmer monter sein
(Philipp Laven)

Eich han en Brand

Trester/Hefe

Tester und Hefe werden aus den Rückständen des Weins gewonnen (s.S. 121).

Trester nennt man den Rückstand, der beim Pressen der Trauben abfällt. Er wird als Humusdünger auf die Felder gebracht oder gebrannt und als harter Schnaps getrunken. Hefe sind Gärstoffe, die den Zucker im Most in Alkohol umsetzen. Nach Beendigung dieses Gärungsprozesses setzt sich ein Rückstand auf dem Boden der Fässer ab. Auch er wird gebrannt und als Schnaps getrunken oder zum Einreiben rheumatischer Beschwerden genommen.

Alzem

1 Flasche Moseltrester oder Moselhefe, 1 EL Zucker, 2–3 EL Wermut

In den Trester den Zucker und die Kräuter geben. Zukorken und 3 Monate stehen lassen. Dann filtern und gut verschlossen aufbewahren. Alzem, auch Eltsch genannt, reguliert kleine grippale Infekte und Magen- und Darmverstimmungen.

Kalte Ente

»Zur Tafelrunde Kaiser Wilhelms I. im Koblenzer Schloß gehörte auch ein General von Pape. Wenn die anderen Herren nach dem Essen ihrer Verdauung mit einer Tasse heißem Mokka nachhalfen, ließ von Pape sich einen großen Pokal kommen, eine Flasche kühlen spritzigen Moselweins und eine Flasche Sekt, dazu ein paar Scheiben Zitrone und eine Schalenspirale. Zuerst goß er von dem Moselwein in das Glas, tat ein paar Stücke Zitrone dazu und hängte die Spirale so hinein, daß die ätherischen Öle aus den Poren das Getränk würzten. Dann rührte er unter den aufmerksamen Augen der anderen mit einem Löffel um und goß den Sekt hinein. Gefragt, warum er nicht auch einen Mokka trinke, sagte der General lakonisch: Nach einem warmen Essen liebe ich nun einmal ein kaltes Ende. Aus dem kalten Ende wurde dann im Volksmund die inzwischen überall in Deutschland beliebte »Kalte Ente«.

(Entnommen: Merian-Koblenz, Februar 1978)

Pitter laoß de Mut net sinken,
Gieh mer liewer e Tröppche trinken.

Weinblütenbowle

Diese Bowle ist ein sehr kostbares Getränk und wird selten hergestellt,wenn man bedenkt, daß jede Blüte eine Fruchtdolde ergibt.

2 Flaschen Moselriesling, 1 gute Handvoll Weinblüten, 1 EL Zucker, evtl. 1 Flasche Sekt

Die Weinblüten gut waschen und in $^1/_2$ Flasche Wein 2 Stunden zur Bowle ansetzen. Die Blüten herausnehmen, die Bowle zuckern und mit dem restlichen Wein und mit dem Sekt auffüllen.

Am Morgen trinke des Weißen Glut,
Am Abend den Roten für das Blut.

Zuckerwein

Er wird auch wohl Kennchesbranntwein genannt, weil er in früheren Zeiten bei der Kindtaufsfeier getrunken wurde. Die Kindtaufe war ausschließlich Sache der Frauen. Sie zogen nach der kirchlichen Taufe in eine Gastwirtschaft, aßen kalte Weinsuppe (s.S.23) und tranken danach Zuckerwein. Wen wundert es, daß Kindtaufen immer fröhlich und sangesfreudig ausgingen?

1 Flasche Moselwein, 3–4 EL Zucker

Den Zucker einige Tage vor dem Verzehr in den Wein schütten. Diesen öfter umrühren, damit sich der Zucker richtig auflöst.

Eierwein

Der Weinort Winningen an der Obermosel ist bekannt, ja berühmt für seine Weinfeste, die mit zu den ältesten an der Mosel zählen. Da ist zum einen das Weinfest in der Osterwoche mit Eiertitschen, Eierkauf, Tanz und Eierwein.

Zum anderen gibt es im Herbst das große Weinfest, das 8 Tage dauert und bei dem der Wein aus dem Weinhexenbrunnen fließt.

Der Eierwein zu Ostern aber ist besonders köstlich.

1 Flasche gut gekühlter Moselriesling, 2–3 Eier,
2–3 EL Zucker

Die Eier mit dem Zucker schaumig schlagen. Den Wein unter Schlagen einlaufen lassen. Sofort servieren.

Punsch/Glühwein

Früher wurde Punsch, bzw. Glühwein meistens aus Fluppes (s.S. 119) hergestellt. Die Winzer nahmen parfümierten, kalten Fluppes im Bummeskrug mit in den Wingert. Diesen stellten sie dann in das Rebenfeuer, so daß sich das Getränk langsam erwärmte. Da man heute kaum noch Fluppes herstellt, nimmt der Winzer zum Glühwein oder Punsch seinen »Mosel«.

Bei Glühwein wird je Flasche Moselwein etwas Zimt und Zucker sowie abgeriebene Orangen- oder Zitronenschale zugegeben.

Bei Punsch gibt man 3 Nelken, etwas Zucker, den Saft und die Schale 1 Orange und evtl. noch Zimt auf je 1 Flasche Moselwein.

Den parfürmierten Wein erhitzen, aber nicht kochen lassen. So heiß wie möglich trinken.

fig. 14

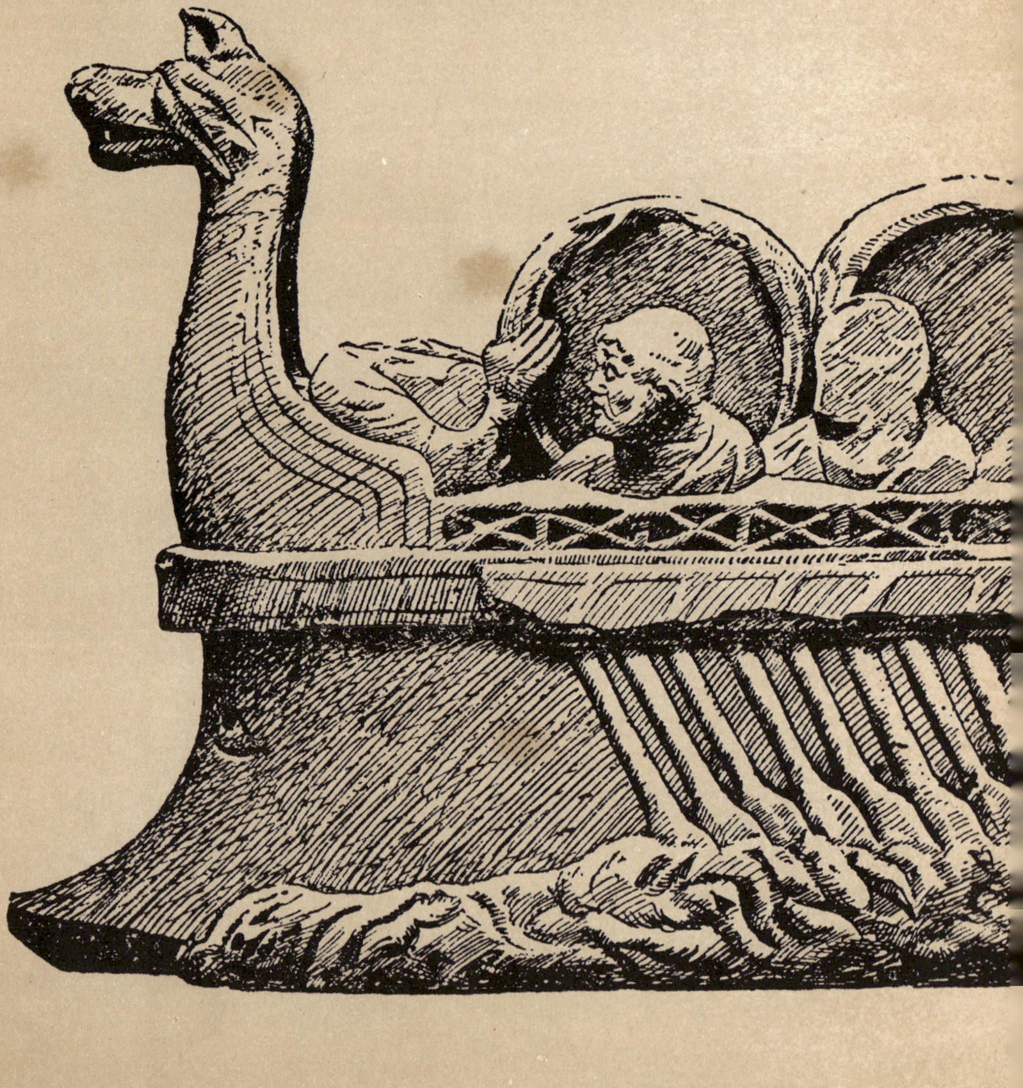

Anhang: Gerichte aus der Römerzeit

Will man ein Kochbuch von der Mosel schreiben, so sollte man bei aller Suche nach alten und zum Teil immer noch praktizierten Rezepten doch die »großen Kulturbringer«, die Römer, nicht vergessen.

Sie gründeten 15 vor Christus Trier als die 1. Stadt Deutschlands, machten diese Stadt zur Metropole und trugen ihre römische Kultur damit in unser Land. Zahlreiche Ruinen und Schriftstücke geben uns Einblick und Überblick.

Auch ihre Art zu speisen und zu trinken ist uns aus vielen Beschreibungen über Gastmähler bekannt. Da wird z.B. berichtet, daß ein richtiges Gastmahl bis zu 16 Stunden dauern konnte. Man lagerte halbliegend auf einem Speisesofa und schwelgte bis zur Unmäßigkeit. Dabei ging man zwischenzeitlich in einen anderen Raum und befreite durch Rachenkitzler (Pfauenfedern) den Magen von seiner drückenden Last. Auch Cäsar lebte nach dem Wahlspruch Epikurs: Iß, trink, liebe; der Tod bereitet allem ein Ende!

Was man aß, wie man die Speisen zubereitete, darüber gibt uns umfassend ein gewisser Marcus Gavius Apicius in seinem 10bändigen Kochbuch Auskunft. Apicius wurde um 25 vor Christus geboren und war während der Regierungszeit des Kaisers Tiberius der berühmteste Koch und Feinschmecker des Römischen Reiches. Mit seinen Büchern und seinen Rezepten hat sich in jahrelanger Arbeit Frau Gracher, Trier, beschäftigt. Sie kocht heute in ihrem Restaurant »Domstein« in Trier altrömische Gerichte. Da es zur Römerzeit viele Grundnahrungsmittel, die wir heute haben, noch nicht gab, da aber wiederum etliche Gewürze und Kräuter der damaligen Zeit uns unbekannt sind, galt es Lösungen zu finden, die den Rezepturen annähernd gerecht wurden.

Doch fragen wir zunächst: a) Was servierte man?

Ein typisches Menü bestand aus 3 Gängen:

1. gustum (auch gustatio oder promulsis genannt)
2. mensa prima
3. mensa secunda

Zu 1.) gustum: Man aß verschiedene Eierspeisen, Gemüse, Salate, Fisch. Dazu trank man den beliebten mulsum, das ist ein mit Honig gesüßter Wein.

Zu 2.) mensa prima: Hier folgten Fleisch-, Wild- und Geflügelgerichte. Dazu kredenzte man Wein, häufig mit Wasser verdünnt.

Zu 3.) mensa secunda: Den Abschluß bildeten süße Aufläufe, Cremes, Puddings oder Obst.

Und dann: b) Wieweit sind diese Gerichte heute noch machbar? Dazu brauchen wir die Informationen von Frau Gracher, die – wie schon erwähnt – jahrelang ausprobiert hat, wie man uns heute unbekannte Zutaten ersetzen kann:

1) liquamen: Fischsauce, kann ersetzt werden durch Worcester- oder Sardellensauce
2) garum: heute Salz und etwas Sardellenpaste
3) amulum: ein aus Weizen hergestelltes Stärkemehl, heute Kartoffelmehl
4) defrutum: konzentrierter Traubensaft
5) passum: süßer Kochwein, durch Sherry oder Tokayer zu ersetzen.

Stellen Sie sich doch einmal folgende »Gastmähler« zusammen (bitte halb liegend einnehmen!)

I. gustum:
- asparagos, ius viride
- betas elixas
- carduos
- mustea
- mulsum

mensa prima:
- minutal ex praecoquis
- copadiae, ius album in copadiis

mensa secunda:
- Patina de piris
- ova spangia ex lacte
- vino lacryma Christe

II. gustum:
- gustum de holeribus
- lenticula ex sfondylis
- fabaciae virides
- mustea
- mulsum

mensa prima:
- aper assus in aprum assum iura ferventia
- piscis assus, ius in pisce

mensa secunda:
- tyropatinam in cumanam
- vino lacryma Christe

Und nun zu den Rezepten dieser Gerichte, die mir Frau Gracher freundlicherweise zur Verfügung stellte. Ihr sei herzlich Dank gesagt.

I. asparagos, ius viride

(Stangenspargel, grüne Sauce)

Apicius:
Trockne den Spargel (asperagos) und wirf ihn ein zweites Mal in kochendes Wasser, auf diese Art bleibt er fest. (Bei grünem Spargel soll durch ein zweites Fertigkochen verhindert werden, daß die Stangen zu weich werden).

Anmerkung: Die grüne Sauce (ius viride) entspricht etwa unserer Sauce vinaigrette, die unter Verwendung von Essig, Öl und grünen Kräutern hergestellt wird.

betas elixas

(Eingelegte rote Rüben)

Apicius:
Sie sind gut mit etwas Senf, Öl, Essig und Petersiliensamen.

Anmerkung: Die Römer kannten weiße und schwarze Rüben. Die schwarzen Rüben sind die Vorläufer unserer roten Rüben. Das Rezept legt nahe, an rote Bete zu denken.

carduos

(Artischocken)

Apicius:
Bereite die Artischocken mit liquamen, Öl und gehackten, hartgekochten Eiern.

Anmerkung: Zur damaligen Zeit wird man wohl in erster Linie wildwachsende Artischockenarten verwendet haben. Auch heute werden zum Beispiel im Herbst und Winter in Mittelspanien noch kleine Kardenarten serviert.

Es fehlt, wie so oft, eine Anweisung, wie die Zutaten zu verwenden sind. Man könnte die Artischocken in den angegebenen Zutaten kochen. Es wäre möglich, nur aus liquamen und Öl eine Sauce zu bereiten und das Ei auf die angerichteten Artischocken zu geben (E. David, London, 1951). Wir selbst bereiten eine Sauce ähnlich der Vinaigrette und geben diese über die vorgekochten Artischockenherzen.

mustea

(Weinbrötchen – römische Art)

Apicius:
Das Weinbrötchen (mustea – Süßweingebäck) wird aus Mehl, Fett, Käse, Aniskörnern und gestoßener Rinde vom Lorbeerzweig hergestellt. Das Mehl wird mit Most vermischt und mit den anderen Zutaten verknetet. Der Teig wird geformt und auf einem Lorbeerblatt ausgebacken.

Anmerkung: Etwas Hefe zugeben!

mulsum

(Apéritif der Römer)

Zu den Vorspeisen reichten die Römer mulsum. Plinius erzählt von der Beliebtheit dieses Getränks und weiß dazu eine Anekdote von Pollio Romilius: Als Augustus ihn fragte, wie es ihm gelang, hundert Jahre alt zu werden, gab Romilius zur Antwort: »Durch mulsum für das Innere und Öl für das Äußere«.

Mächt ganz scheen doll!

Und so wird das Getränk zubereitet:
Auf eine Flasche herben Weißwein rechnet man 2–3 Eßlöffel flüssigen Honig. Er wird mit dem Schneebesen in den Wein geschlagen, bis er sich aufgelöst hat. Das Getränk einige Zeit in den Kühlschrank stellen und gut durchgekühlt servieren. Im »Domstein« serviert man mit Anis parfümierten mulsum. Köstlich und gut bekömmlich!

minutal ex praecoquis

(Frikassée mit Aprikosen)

Apicius:
Gib in den Topf Öl, liquamen, Wein und gehackte Schalotte. Gib geschnittene Schweineschulter dazu. Wenn dies kocht, würze mit Pfeffer, Kümmel, getrockneter Minze und Dill. Befeuchte mit Honig, passum, ein wenig Essig und bringe es zum Kochen, gib Kochbrühe der Aprikosen zu. Rühre tüchtig. Binde mit Bröseln.

Anmerkung: Verwendet man die Zutaten in der oben angegebenen Reihenfolge, ist das Ergebnis nicht sonderlich befriedigend. Wir braten zuerst das geschnetzelte Schweinefleisch in Öl an und geben dann erst die Gewürze zu, löschen mit liquamen und Wein ab und fügen etwas Aprikosenbrühe zu. Die Bindung erreichen wir mit beurre mani (Mehlbutter).

copadiae – ius album in copadiis

(Schnitzelchen in weißer Sauce)

Apicius:
Nimm Pfeffer, liquamen, Wein, Raute, Zwiebeln, Pinienkerne, Nüsse, Öl sowie ein in Würzwein eingeweichtes Brötchen. Begieße damit die gebratenen Schnitzelchen.

Anmerkung: Die Pinienkerne werden über Nacht eingeweicht. Wir haben sie dann püriert. Dadurch wird die Sauce recht weiß. Es ist zu beachten, daß das Fleisch und die Zutaten mundgerecht geschnitten sind, wie heute noch in Italien die Saltimbocca.

patina de piris

(Patina von Birnen, Auflauf)

Apicius:
Reinige, koche und schneide die Birnen. Würze mit Pfeffer, Honig, passum, liquamen, Kümmel und ein wenig Öl. Ordne in ein Pfännchen. Gib Eiermilch darüber und gare. Bestreue mit Pfeffer und serviere.

ova spongia ex lacte

(Omelette mit Mandeln und Honig)

Apicius:
Verrühre 4 Eier, $^1/_4$ l Milch und 30 g Öl. Gib etwas Öl in die Pfanne, laß es heiß werden und gieße die Eiermischung hinein. Wenn die Omelette auf einer Seite gar ist, stürze sie auf eine flache Platte (discus), übergieße sie mit Honig, bestreue sie mit Pfeffer und serviere.

II. gustum de holeribus

(Gemüsevorspeise)

Apicius:
Schmore Zwiebeln in liquamen, Öl und Wein. Wenn sie gar sind, gib Schweineleber und Hühnerbeine und -flügel dazu. Lasse alles zusammen nochmals kochen. Wenn es gar ist, zerstampfe im Mörser Pfeffer und Liebstöckel, befeuchte dies mit liquamen, gieße Wein hinzu und passum zum Süßen sowie etwas von der Zwiebelbrühe. Gieße dies alles über die Zwiebeln. Sowie die Mischung wieder kocht, dicke sie mit amulum an.

lenticula ex sfondylis

(Linsen mit Muscheln)

Apicius:
Nimm eine saubere Pfanne und koche darin die Linsen. Gib Pfef-

fer, Kümmel, Koriandersaat, Minze und Raute zu. Befeuchte mit Essig. Füge Honig, liquamen und defrutum zu. Schmecke mit Essig ab und bringe alles zum Kochen. Füge die gehackten Muscheln zu und binde ab. Serviere kalt in einer Schüssel (boletar) mit bestem Öl.

Anmerkung: Über dieses Gericht haben die Gelehrten schon heftig gestritten. E. Brand liest anstelle sfondylis – fodilis – Artischokkenböden. B. Flower und Rosenbaum sind wie wir der Meinung, daß es sich aus kulinarischen Gründen nur um Muscheln handeln kann. Bestärkt werden wir in dieser Ansicht, weil wir noch vor kurzer Zeit auf Zypern eine sehr ähnliche Vorspeise aus Linsen und Muscheln gegessen haben.

fabacia virides

(grüne Bohnen)

Apicius:
Serviere sie in liquamen, gekocht mit Koriander, Kümmel und in Streifen geschnittenem Lauch.

Anmerkung: Es gibt drei ähnliche Rezepte bei Apicius. Bei allen scheint es sich um Bohnensalate zu handeln, die aus Stangen- oder Strauchbohnen hergestellt waren.

aper assus in aprum assum

(Frischlingssteak, süß-saure Sauce)

Apicius:
Nimm Pfeffer, gerösteten Kümmel, Selleriesamen, Minze, Thymian, Bohnenkraut, Saflor, geröstete Pinienkerne oder Mandeln, Honig, liquamen, Essig, etwas Öl.

Man läßt das Ganze aufkochen, aber die Sauce wird nicht eingedickt.

piscis assus ius in pisce

(Gebratenes Fischfilet, Fischsauce)

Apicius:
Nimm Pfeffer, Liebstöckel, Kümmel, Oreganum, Rautenbeere, Minze, Myrtenbeere, Eidotter, Honig, Essig, Öl, Wein und liquamen. Lasse dies heiß werden und serviere.

Anmerkung: Die Eidotter sind roh zu denken und dienen offenbar als Bindemittel. Die Anzahl richtet sich nach der gewünschten Menge der Sauce. Man beginnt am besten mit den Dottern, achtet darauf, daß diese nicht gerinnen und fügt nach und nach die übrigen Zutaten hinzu.

tyropatinam in cumanam

(Eiercreme im Topf)

Apicius:
Nimm Milch und Honig. Füge Eier hinzu und rühre die Eier mit der Milch glatt, passiere die Mischung durch ein Sieb in einen irdenen Topf (cumana) und lasse sie auf kleinem Feuer kochen. Wenn sie steif ist, bestreue sie mit Pfeffer und serviere.

Bleibt nur noch zu wünschen: Guten Appetit!

Ich habe getrunken, nun
Der Wein, der erhöht uns
Und löset die sklavischen
Ja, schonet nur nicht das
Denn schwindet der ältest
So altern dagegen die Ju

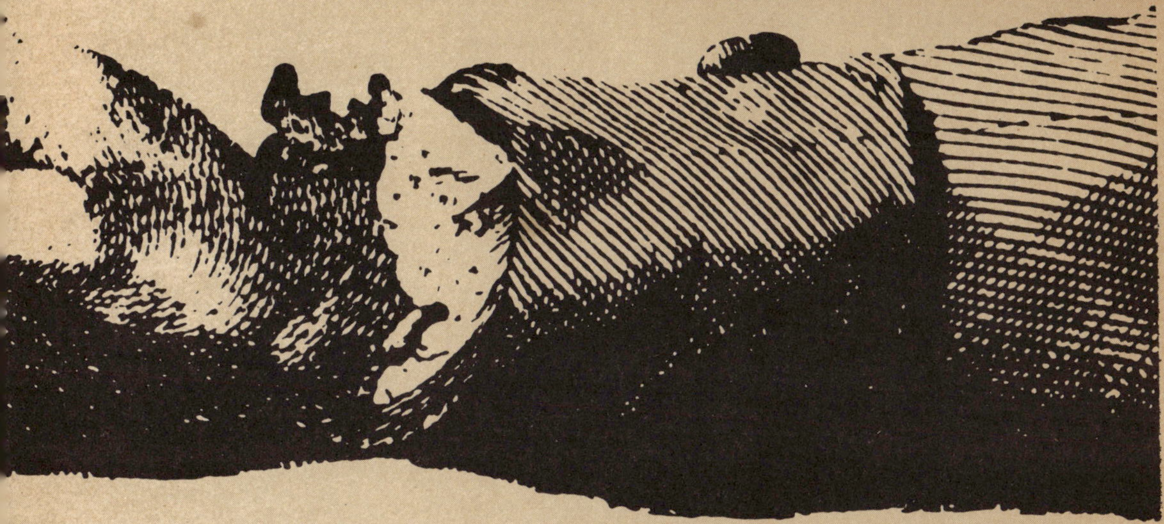

ink ich erst gern,
r macht uns zum Herrn,
ingen.
quickende Naß,
Wein aus dem Faß,
gen.   (Goethe)

Vorspeisen, Zwischengerichte, Schnittcher und Schmeers

Weinbergschnecken 12
Schnecken in Moselweinteig 13
Schnittcher und Schmeers 13
a) Wingertsschmeer 14
b) Schnippschmeer 14
Cochemer Schnittcher 14
Budderloch 15
Trierer Weinhändlerfrühstück 15
Trierer Bömbchen 15
Jägerschnitten aus Trier 16
Eierschmier 16
Kochkäse I 17
Kochkäse II 17

Suppen

Wurstsuppe 20
Karnickelsuppe 20
Aalsuppe 21
Sauerampfersuppe 21
Riebelesuppe 21
Wecksuppe 22
Birnensuppe I 22
Birnensuppe II 22
Mostsuppe 23
Weinsuppe 23

Fleischgerichte und Innereien

Trierer Sauerbratenschüssel 28
Gebackener Schweinerollbraten 30
Zeller Äppelfleisch 30

Spießbraten 31
Gebrannte Säue 31
Rauchfleisch 32
Bärekesseler Kurfürstenschmaus 33
Schwenkbraten 33
Koblenzer Ratsherrenteller 34
Saures Schweinerippchen-Ragout 34
Bernkasteler Restaurationsplatte 35
Gefüllte Kalbsbrust 35
Rahmschnitzel 36
Rieslingspasteten 36
Halb Mensch/halb Teufel 37
Schwartemagensalat 37
Geling 37
Leberklöße 38
Leberkuchen 38
Leberpastete 39

Hausschlachtung

Moselschinken 45
Blutwurst 45
Leberwurst 46
Sülze 46

Wild und Geflügel

Wildschweinkeule 50
Hasenläufe in Rotwein 50
Hasenpfeffer nach Oma Orten 51
Wildpastete 51

Saure Hähnchen aus Bernkastel-Kues 52
Hühnchen in Rieslingsoße 53
Martinsgans 53

Fische und Krebse

Moselaal in Riesling 59
Aal in Dillsoße 59
Hecht in Meerrettichsoße 60
Hechtpfanne aus Cochem 60
Gespickter Moselhecht 61
Trierer Fischschüssel 61
Gebackene Moselfische 62
Moselfische, sauer-süß eingelegt 62
Lieser Bachforellen 63
a) blau gekocht 63
b) Müllerin-Art 63
c) gebacken 63
Krebse 63
a) gekocht 63
b) gebacken 64

Eintopfgerichte

Löffelschesbohnen 68
Tiertich/Gräwes 69
Kappesmanges 70
Buhnenteertich 70
Doler Jakob 70
Schiffmannskost 71
Fronleichnamstopf 71

Mehl- und Kartoffelgerichte

Mehlwaffeln 76
Schnittlauchpfannkuchen 76
Hedelich-Pfannkuchen 77
Hedelichklöße 77
Mehlklöße 78
Karfreitags-Klöße 78
Kartoffelklöße 78
Rahmkartoffeln 79
Gedämpne/Krachelcher 79
Kartoffelbrocklinge 80
Rilles – Ralles 80
Debbekoche/Scholes 81
Saurer Stambes 82
Wehlener Specksalat 82

Gemüse und Salate

Spinat 86
Erbsenbrei 86
Gedämpfte Bohnen 87
Dicke Bohnen 87
Schotenerbsen 88
Weiße Bohnen 88
Chicorée 89
Löwenzahnsalat 89
Mauseohrsalat 90

Soßen

Zwiebelduckes 94
Braune Specksoße/Griebensoße 94
Meerrettichsoße 94

Remoulade 94
Nervenblutmayonnaise 95
Weinschaumsoße 95
Vanillesoße 96

Desserts

Weingelee 100
Weincreme 100
Festlicher Weinpudding 100
Viezpudding 101
Himbeercreme 101
Apfelschnee mit Schuß 101
Ausgebackene Äpfel 102
Schneeballen 102

Gebäck

Grundrezept für Hefeteig 106
Weck und Brezel 106
a) Viezje 106
b) Rosenweck 106
c) Martinsbrezel 107
Naunzen 107
Eifeler Bund 107
Kartoffelbrot 108
Römerbrot 108
100-Tage-Kuchen(Gesundheitskuchen) 108
Knappkuchen 109
Grießkuchen 109
Apfelkuchen 110
Biereflade 110
»Kiestoart« 111
Versunkene Rieslingstorte 111

Getränke

Von Wingert, Wein und Bacchusfreuden 114
Weinbrevier 118
Fluppes 119
Viez 120
Trester und Hefe 121
Alzem 121
Kalte Ente 121
Weinblütenbowle 122
Zuckerwein 122
Eierwein 122
Punsch/Glühwein 123

Anhang: Gerichte aus der Römerzeit 126

I. gustum
– asparagos, ius viride 128
– betas elixas 128
– carduos 129
– mustea 129
– mulsum 129

mensa prima:
– minutal ex praecoquis 130
– copadiae, ius album in copadiis 130

mensa secunda:
– patina de piris 131
– ova spangia ex lacte 131

II. gustum:
– gustum de holeribus 131
– lenticula ex sofondylis 131
– fabaciae virides 132

mensa prima:
– aper assus in aprum assum 132
– piscis assus ius in pisce 133

mensa secunda:
– tyropatinam in cumanam 133

Wenn Sie sich für weitere Bücher aus unserem Verlag interessieren, schreiben Sie uns oder fragen Sie Ihren Buchhändler. Nachdem Sie dieses Buch kennengelernt haben, werden Ihnen sicher auch unsere anderen Titel zusagen, wobei Sie diejenigen, die wie das vorliegende Buch auch zur Landschaftsserie gehören, alle zu dem gleichen Preis erwerben können.

Eine kleine Überraschung haben wir noch für Sie. Sie können bei uns eine Schürze aus dem Umschlagstoff dieses Buches, aber auch aller anderer Landschafts-Titel unseres Verlages bestellen, besonders zum Verschenken und Selberschenken, zum Preis von DM 18,–. Sie wird Ihnen bestimmt gefallen!

In unserem Verlag sind erschienen:

Das Brotbackbuch
Das Kochbuch aus Hamburg
Das Kochbuch vom Oberrhein
Das Kochbuch aus Berlin
Das Kochbuch aus München und Oberbayern
Das Kochbuch aus Franken
Das Kochbuch aus Bremen
Das Kochbuch aus dem Münsterland
Das Kochbuch aus Tirol
Das Kochbuch aus Hessen
Das Kochbuch aus Thüringen, Sachsen und Schlesien
Das Kochbuch aus Mecklenburg, Pommern und Ostpreußen
Das Kochbuch aus Schleswig-Holstein
Das Kochbuch aus dem Rheinland
Das Kochbuch aus Schwaben
Das Kochbuch aus dem Ruhrgebiet
Das Kochbuch aus Niedersachsen
Das Kochbuch aus Ostfriesland
Das Kochbuch aus dem Saarland
Das Kochbuch aus dem Schwarzwald
Das Kochbuch vom Dreiländereck
Das praktische Jagdkochbuch
Hausmachers Schnapsbuch
Das Buch vom schönen Backen
Das Kochbuch aus Kombüse und Pantry
Wir erwarten Gäste

Das Kochbuch aus Basel
Das Kochbuch aus der Innerschweiz
Das Kochbuch aus dem Bernbiet
Das Kochbuch aus der Ostschweiz

In Vorbereitung:
Das Kochbuch aus dem Elsaß (zweisprachig)
Das Kochbuch aus Schottland (zweisprachig)
Das Kochbuch aus Lyon (zweisprachig)

Vers. Apfelkuchen (Richard)

125 g Butter
125 g Zucker
3 Eier
200 g Mehl
Zitrone
2 Teel Backpulv.

Quiche Lorraine

200 g Speck
4 Eier
100 g Sahne
200 g Emmentaler Käse

Salz
Pfeffer

Crèpes bretonnes

125 g	Mehl
3	Eier
30 g	Butter oder Öl (2 Eßl.)
1/4 l	Milch
1	Messerspitze Salz

Das Mehl in eine Schüssel geben. Die Eier nacheinander sowie die Milch hinzufügen. Den Teig glatt rühren. Er soll sehr flüssig sein. Der Teig muß mindestens eine halbe Stunde stehen und wird in der nur das erste Mal wenig gefetteten Pfanne hauchdünn verteilt. Mit den Händen wird gewendet.

Füllung für die Vorspeisen:

1. geräucherter Lachs und eine Champignonsauce.
2. geräucherter Schinken mit Zwiebeln angebraten und Champignonsauce.

   Champignonsauce: Champignon mit Fett und Zitrone anbraten, mit Pfeffer und Salz würzen, zuletzt Crème fraiche (oder halb und halb süsse und saure Sahne) hinzufügen. Danach mit geriebenem Emmentaler andicken.

200 g Mehl
100 g Butt
Salz